# Das Alphabet in Sütterlinschrift

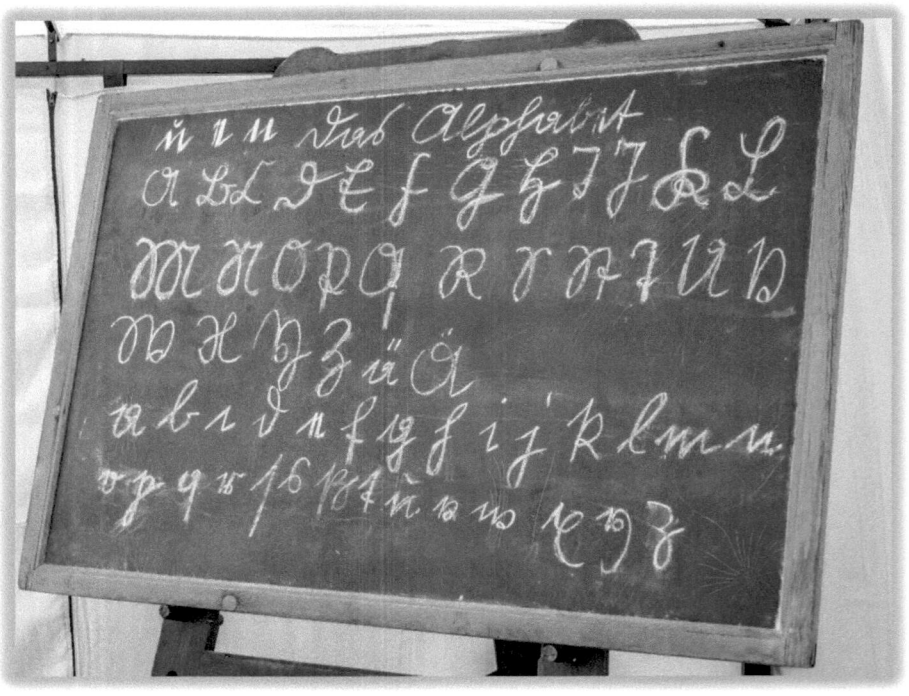

# Großmutters historische Rezepte

## Übersetzung von in Sütterlinschrift geschriebenen Rezepten

Annegret Latußeck

Das originäre Koch-
buch wurde geschrie-
ben von


Emma Schwanck
geb. Carstens


geb. 5. Mai 1889
in Reinfeld/Holst.


Köchin bei Senator
Neumann,
Bürgermeister von
Lübeck

Für ihre Enkelin

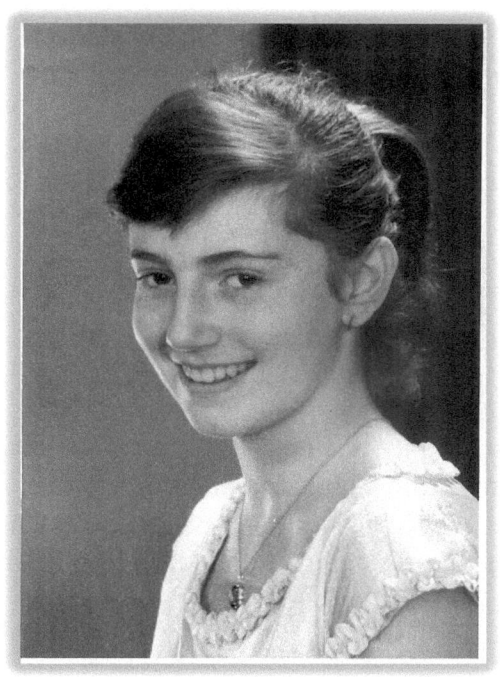

Annegret Latußeck
geb. Puttfarken in Hamburg

Verlag und Druck: tredition GmbH, Halenreie 40-44, 22359 Hamburg

ISBN Taschenbuch: 978-3-7469-7848-2

ISBN Hardcover: 978-3-7469-7849-9

Bibliografische Information der Deutschen Nationalbibliothek:

Die Deutsche Nationalbibliothek verzeichnet diese Publikation in der Deutschen Nationalbibliografie; detaillierte bibliografische Daten sind im Internet über http://dnb.d-nb.de abrufbar.

Um den historischen Charakter
des Kochbuches zu erhalten,
wurde die Ausdrucksweise der Köchin
in der damaligen Zeit beibehalten.

# Inhaltsverzeichnis

# SUPPEN

- Schaumbiersuppe
- Windsor Suppe
- Wildsuppe
- Gemüsesuppe mit Schwemmklößchen

# Schaumbiersuppe

Schaumbiersuppe.

1 Flasche Malzbier, eine Flasche Wasser,
2 etwas angehäufte Eßlöffel Mehl,
1 Ei, Zucker nach Geschmack, Zitronensaft von einer halben Zitrone
und ein Stck Zimt. Bier, Wasser
Zucker, die Zitronenschale, den Zimt
u den Zitronensaft tut man alles
in einen Topf, dann rührt man
das Mehl an, tut das Eigelb dazu

tut alles zu dem Bier u schlägt
alles mit dem Eierschläger bis zum
Kochen, aber nicht kochen das Eiweiß
wird zu Schaum geschlagen und
Klöße davon auf die Suppe getan.

## Zutaten:

| | | |
|---|---|---|
| 1 | Flasche | Malzbier |
| 1 | Flasche | Wasser |
| 2 | Esslöffel | Mehl (angehäuft) |
| 1 | | Ei |
| | | Zucker nach Geschmack |
| 1 | | Zitrone (nur der Saft) |
| 1 | Stück | Zimt |

## Zubereitung:

Bier, Wasser, Zucker, die Zitronenschale, den Zimt und den Zitronensaft tut man alles in einen Topf. Dann rührt man das Mehl an, tut das Eigelb dazu, dann kommt alles zu dem Bier. Man schlägt alles mit dem Eierschläger bis fast zum Kochen.

**Aber nicht kochen.**

Das Eiweiß wird zu Schaum geschlagen und Klöße davon auf die Suppe getan.

# Windsor Suppe

Windsorsuppe.

## Zutaten:

| | | |
|---|---|---|
| 2000 | Gramm | Ochsenfleisch |
| | | Butter zum Braten |
| 1 | Bund | Suppenkraut (Sellerie, Porree, Wurzel, Petersilienwurzeln) |
| 1 | Teelöffel | Rum (nach Geschmack) |
| | | Pistazien |
| | | evtl. Trüffel |
| | | Madeira Wein (nach Geschmack) |
| 1 | Stück | Liebig (Fleischbrühe) |

## Zubereitung:

Das Ochsenfleisch brät man in der Pfanne mit Butter tüchtig braun an.

Dann macht man in Würfel geschnittenes Suppenkraut, sowie Sellerie, Porree, Wurzeln, Petersilienwurzeln und Rum auch braun in der Pfanne und tut alles zusammen in einen Topf, begießt es mit Wasser und kocht es gar.

Dann gießt man die Suppe durch ein Sieb, entfettet sie. Noch etwas Paprika (spanischen Pfeffer) dran tun und ein Stück Liebig.

Etwas Kartoffelmehl anrühren, damit es etwas sämig wird.

Dann tut man Pistazien, Trüffel und kleine Würfel hinein und noch einen Schuss Madeira je nach Geschmack und noch kleine Eierklöße kocht man und tut sie in die Suppe.

# Wildsuppe

Wildsuppe.

Die Knochen fein in kleine Stücke zerschlagen,
dann mit Butter und Mehl im Topfe braun
geschmort, dann ziemlich viel Wasser dazu,

Suppenkräuter, etwarge Zwiebel, ganze
schwarze Pfeffer, etwas Lorbeerblatt und Salz.
Hat es tüchtig gekocht, dann eine überquellte
Zwiebel hinein. Nun macht man in
einem anderen Topfe wieder etwas Butter
und Mehl braun, gießt die Suppe dazu.
Dann 2-3 Löffel Madeira hinzu hinein
und Salz dazu. Ein kleines zu der Wildsuppe
2 Eier hart gekocht, das Gelbe durch ein Sieb
gestrichen, dann etwas Salz ein bischen
kalte Butter dazu hin, kleine Klöße geformt, und wenn die Suppe fertig ist,
hinein gelegt.

## Zutaten:

|   |        | Knochen vom Wild              |
|---|--------|-------------------------------|
|   |        | Butter                        |
|   |        | Mehl                          |
| 1 | Bund   | Suppenkraut                   |
|   | Körner | vom Schwarzen Pfeffer         |
| 2 |        | Eier                          |
|   |        | Madeira Wein (zum Abschmecken)|
|   |        | Lorbeerblätter                |
|   |        | Liebig (Fleischbrühe)         |

## Zubereitung:

Die Knochen fein in kleine Stücke zerschlagen, dann mit Butter und Mehl im Topf braun schmoren.

Danach reichlich Wasser dazu gießen, Suppenkraut hinzufügen und einige Körner von schwarzem Pfeffer, einige Lorbeerblätter und Salz. Hat es stark gekocht, dann eine Zwiebel mit Schale dran tun.

Nun macht man in einem anderen Topf wieder etwas Butter und Mehl braun, gießt die Suppe dazu. Dann 2-3 Löffel Madeira hinzu tun und Liebig dran.

### Eierklöße zu der Wildsuppe:

2 Eier hart gekocht, das Gelbe durch ein Sieb gestrichen, dann etwas Salz und ein Stückchen kalte Butter drangeben. Es werden kleine Klöße geformt und wenn die Suppe fertig ist hineingelegt.

# Gemüsesuppe mit Schwemmklößchen

Gemüsesuppe mit Schwemmklößchen

Man nimmt 1 ℔ Ochsenfleisch, einige Knochen, dann kann auch 1/8 Speck in Würfel
schneiden, 1 großen Zwiebel in Scheiben,
1/2 ℔ Karstoffeln und 1/2 ℔ Wurzeln, tut
alles in einen Topf und füllt mit 2 Liter
Fleischbrühe auf. In einem anderen Topf

kocht man einen Kopf Blumenkohl und
teilt ihn in kleine Röschen, wenn die
Brühe gar, tut man alles zusammen
und würzt mit Salz u. Petersilie. Die

## Zutaten für Gemüsesuppe:

| | | |
|---|---|---|
| 500 | Gramm | Ochsenfleisch |
| evtl. | Knochen | **Oder** |
| 70 | Gramm | fetter Speck |
| 1 | große | Zwiebel |
| 250 | Gramm | Brechbohnen |
| 250 | Gramm | Wurzeln |
| 2 | Liter | Fleischbrühe |
| 1 | Kopf | Blumenkohl |
| | | Petersilie |

## Zubereitung:

Man nimmt 500 Gramm Ochsenfleisch oder einige Knochen, oder man kann auch 70 Gramm fetten Speck in Würfel schneiden, 1 große Zwiebel in Scheiben, 250 Gramm Brechbohnen und 250 Gramm Wurzeln zerkleinern, tut alles in einen Topf und füllt 2 Liter Fleischbrühe auf. In einem anderen Topf kocht man einen Kopf Blumenkohl und teilt ihn in kleine Röschen, wenn die Suppe gar ist tut man alles zusammen und würzt mit Salz und Petersilie.

Schwammklößchen:

½ Liter Wasser, 40 gr Margarine, Salz
und 250 gr Mehl. Wasser, Salz u. Fett
aufkochen, das Mehl hinein auf einmal
hineinschütten und solange rühren bis
sich der Bloß vom Topfboden löst. Unter
die Masse sofort die 3 ganzen Eier mischen, Klößchen abstechen und in dem
Wasser 10 Minuten ziehen lassen.

# Zutaten für Schwemmklößchen:

| | | |
|---|---|---|
| 0,5 | Liter | Wasser |
| 40 | Gramm | Margarine |
| 250 | Gramm | Mehl |
| 2 | | Eier |
| | | Salz |

# Zubereitung:

Wasser, Salz und Fett aufkochen, Das Mehl trocken auf einmal hineinschütten und so lange rühren, bis sich der Kloß vom Topfboden löst.
Unter die heiße Masse sofort die ganzen Eier mischen Klößchen abste-
cken und in der Suppe 10 Minuten ziehen lassen.

# EINTÖPFE

- Eintopf von weißen Bohnen und Speck
- Pilzragout mit Fleischklößchen
- Eintopf von grünen Bohnen
- Kohl mit Hammelfleisch
- Labskaus
- Grünkohl mit Kassler und Kochwurst

# Eintopf von weißen Bohnen und Speck

Eintopf von weißen Bohnen und Speck.
500 gr getrocknete weiße Bohnen in fri-
schem Wasser einweichen, über Nacht stehen
lassen und den nächsten Tag in demselben
Wasser kochen. Mit den Bohnen kocht man 500
gr.

getrockneten durchwachsenen Speck. Sind die
Bohnen fast weich, so fügt man ungefähr 1
in kleine Würfel geschnittene Kartoffeln
hinzu und zuletzt schneidet man 200 gr Zwiebeln fein, röstet sie in Margarine goldgelb
und gibt sie zu den Bohnen. Zum Schluß
den Speck in kleine Würfel schneiden und
mit Salz, Pfeffer und Selleriia das Gericht
würzen. Auch Möhren und Sellerie schneidet man in Würfel und tut sie in den
Kochen und ein Stück Sauerkraut.

## Zutaten:

| | | |
|---|---|---|
| 500 | Gramm | Weiße Bohnen |
| 500 | Gramm | durchwachsenen geräucherten Speck |
| 500 | Gramm | Kartoffeln |
| 200 | Gramm | Zwiebeln |
| | | Margarine |
| | | Salz, Pfeffer |
| | | Petersilie |
| | | Wurzeln |
| | | Sellerie |
| 1 | Bund | Suppenkraut |

## Zubereitung:

500 Gramm gewaschene weiße Bohnen in heißem Wasser einweichen, über Nacht stehen lassen und den nächsten Tag in demselben Wasser kochen.

Mit den Bohnen kocht man 500 Gramm geräucherten, durchwachsenen Speck. Sind die Bohnen fast weich, so fügt man ungefähr 500 Gramm in kleine Würfel geschnittene Kartoffeln hinzu und zuletzt schneidet man 200 Gramm Zwiebeln fein, röstet sie in Margarine goldgelb und gibt sie zu den Bohnen.

Zum Schluss den Speck in kleine Würfel schneiden und mit Salz und Pfeffer und Petersilie das Gericht würzen.

Auch Wurzeln und Sellerie schneidet man in Würfel und tut sie in die Suppe von 1 Bund Suppenkraut.

# Pilzragout mit Fleischklößchen

Pilzragout mit Fleischklößchen:
Wir bereiten aus 500 gr. gemischtem
Hackfleisch, einer geriebenen Zwiebel u.
von 1–2 angeweichten, gut ausgedrückten Rundstücken feine Salz
u. Pfeffer einen Fleischteig und dann
nicht allzu große Klößchen geformt werden,
die man in Mehl wälzt. Wir zerlassen in einem Schmortopf etwas
Fett, geben die Klößchen nach u. nach
hinein und bräunen sie auf allen
Seiten. Jetzt wird soviel Wasser aufgefüllt, daß die Klöße gut bedeckt schwimmen. Dann gibt man gesäuberte
gewaschene Champignons oder Pilze
(Pfifferlinge) dazu, man kann sie
auch zu gleichen Teilen nehmen
oder auch dazu tun. Man läßt das
Gericht bei kleinem Feuer 30 Minuten
schmoren, gibt im Stück saure Sahne

hinzu und Salz u. Pfeffer abschmecken
die Soße wird mit Mehl angedickt.
Mit Butter geschwenkten neuen
Kartoffeln angerichtet. Man gibt ge-
nen Salat dazu.

## Zutaten:

| | | |
|---|---|---|
| 500 | Gramm | Champignons |
| 500 | Gramm | Pfifferlinge |
| 500 | Gramm | gemischtes Hack |
| 1 | | Zwiebel |
| 1 | | Ei |
| 1-2 | | Rundstück (Brötchen) |
| | | Salz, Pfeffer, Mehl |
| ⅛ | Liter | saurer Rahm |
| 1 | Kopf | grüner Salat |

## Zubereitung:

Wir bereiten aus 500 Gramm gemischtem Hackfleisch, einer geriebenen Zwiebel, einem Ei, 1-2 eingeweichten gut ausgedrückten Rund-
stück, sowie Salz und Pfeffer, einen Fleischteig, aus dem Walnuss
große Klößchen geformt werden, die man in Mehl wälzt.

Wir zerlassen in einem Schmortopf etwas Fett, geben die Klößchen
nach und nach hinein und bräunen sie auf allen Seiten. Jetzt wird so
viel Wasser aufgefüllt, dass die Klöße gut darin schwimmen. Dann gibt
man gesäuberte, gewaschene Champignons oder andere Pilze (Pfifferlinge) dazu, man kann sie auch zu gleichen Teilen nehmen oder auch
aus der Dose. Man lässt das Gericht bei kleinem Feuer 20 Minuten
schmoren, gibt ⅛ sauren Rahm hinzu und mit Salz und Pfeffer abschmecken. Die Soße wird mit Mehl angedickt. Mit Butter geschwenkten neuen Kartoffeln angerichtet. Man gibt grünen Salat dazu.

# Eintopf von grünen Bohnen

Eintopf von grünen Bohnen.
3/4 n Rindfleisch in Würfel schneiden
mit Salz und Pfeffer würzen. In 40 gr
Margarine anbraten. Heises Wasser auffüllen
und nach halber Garzeit 500 gr ent-
fäldelte Bohnen (oder eine Dose Brech-
lohnen) und 500 gr Kartoffeln hinzufügen garkochen und mit Mehl andicken. Mit gehakter Petersilie anrichten.

## Zutaten

| | | |
|---|---|---|
| 375 | Gramm | Rindfleisch |
| | | Salz |
| | | Pfeffer |
| 40 | Gramm | Margarine |
| 500 | Gramm | Bohnen |
| | **Oder** | |
| 1 | Dose | Brechbohnen |
| 500 | Gramm | Kartoffeln |
| | | etwas Mehl |
| | | Petersilie |

## Zubereitung

Das Rindfleisch in Würfel schneiden und mit Salz und Pfeffer würzen. In 40 Gramm Margarine anbraten. Heißes Wasser auffüllen und nach halber Garzeit, wenn das Fleisch gar ist, 500 Gramm entfädelte Bohnen (oder eine Dose Brechbohnen) und 500 Gramm Kartoffeln hinzufügen, garkochen und mit Mehl andicken. Mit gehackter Petersilie anrichten.

# Kohl mit Hammelfleisch

Kohl u Hammelfleisch (2).
Das gewaschene Hammelfleisch setzt man
mit Wasser aufs Feuer bedeckt auf dem

Feuer. Wenn es eine Stunde gekocht
hat, gibt man den geschnittenen u gewaschenen Kohl hinzu u läßt noch 1½
Stunden kochen, tut dazu etwas und
noch einen geschnittenen Zwiebel, wenn
der Kohl gar ist tut man 2 größere Kartoffeln und tut sie an den Kohl, damit
er gebunden ist. Kartoffeln werden ne-
beneben serviert.

## Zutaten:

| | | |
|---|---|---|
| 750 | Gramm | Hammelfleisch |
| 1 | Kopf | Weißkohl |
| 1 | kleine | Zwiebel |
| 2 | große | Kartoffeln |
| | | Salz |

## Zubereitung:

Das gewaschene Hammelfleisch setzt man mit Wasser knapp bedeckt auf das Feuer. Wenn es eine Stunde gekocht hat, gibt man den geschnittenen und gewaschenen Kohl hinzu und lässt alles noch 1,5 Stunden kochen. Dann kommt das Salz dran und noch eine kleine geschnittene Zwiebel. Wenn der Kohl gar ist reibt man 2 größere Kartoffeln und gibt diese an den Kohl, damit er gebunden ist. Kartoffeln werden extra zum Kohl serviert.

# Labskaus

Labskaus.

Man kocht 3/4 Pfd. Rindfleisch gar und braun
hat man gut 8–10 Kartoffeln, ein schlechtes
Kartoffelmus, welches man mit der
Bouillon anrührt. Das Fleisch schneidet
man in Würfel, überstreut ... eine Gewürz-
... vermischt alles miteinander
und schmeckt mit Salz, Pfeffer ab, ...
zu Zwiebeln bräunt man noch hellbraun
und mischt sie dazu. Dazu mischt man
Rotebete. Man kann auch ...

Fleisch in Würfel schneiden und mit
... vermischen und ...

## Zutaten:

| | | |
|---|---|---|
| 500 | Gramm | Rindfleisch |
| 1000 | Gramm | Kartoffeln |
| 1 | | Gewürzgurke |
| 3 | | Zwiebeln |
| 1 | Glas | Rote Beete |

## Zubereitung:

Man kocht das Rindfleisch gar. Aus gut 1000 Gramm gekochten Kartoffeln stellt man ein schlankes Kartoffelmus her und verrührt es mit der Fleischbouillon. Das Fleisch wird in kleine Würfel geschnitten, ebenso eine Gewürzgurke. Alles wird miteinander vermischt und mit Salz und Pfeffer abgeschmeckt.

Die Zwiebeln werden hellbraun gebräunt und unter den Brei gerührt. Dann nimmt man dazu Rote Beete. Man kann auch anstatt des frischen Rindfleisches das Fleisch aus der Dose nehmen, in Würfel schneiden und miteinander vermischen und erhitzen.

# Grünkohl mit Kassler und Kochwurst

## Zutaten:

| | | |
|---|---|---|
| 1 | Beutel | frischen Grünkohl |
| 125 | Gramm | Schmalz |
| 6 | | Kochwürste |
| 750 | Gramm | Kassler |
| 1-2 | kleine | Zwiebeln |
| 1 | Prise | Zucker |

## Zubereitung:

Den frischen Grünkohl wäscht man 2-3 Mal ordentlich, kocht ihn eine viertel Stunde ab, nimmt ihn aus dem Wasser, lässt ihn abkühlen und drückt ihn ordentlich aus. Dann grob hacken.

Nun hat man in der Zwischenzeit die Kochwürste auf kleiner Flamme kochen lassen. Dann nimmt man sie aus der Brühe, tut von der Brühe und 125 Gramm Schmalz in einen anderen Topf. Jetzt kommt der gehackte Kohl hinein. Salz dazu und noch einmal 1-2 kleine Zwiebeln klein hineinschneiden zusammen mit einer Prise Zucker. Dann 2 Stunden auf kleiner Flamme schmoren lassen. Sollte noch nicht genug Brühe darauf sein, gießt man noch etwas dazu. Dann mit etwas Salz und Fett abschmecken. Wenn der Kohl 1 Stunde geschmort hat, tut man in den Topf, in dem die Brühe von der Kochwurst drin ist, das Kassler hinein. Sollte die Brühe nicht ausreichen, noch etwas Wasser hinzugießen wenn es kocht.

...den gekocht hat, tut man in
dem Topf mit der Brühe von der Koch.
...dem ist das Kessler hinein,
wenn es kocht, eine Stunden auch kle-
ner Flamme kochen lassen, nicht kein-
er sonst wird es kochen, für ein
kleines ... genügen 3/4 Stunden.
Wenn es gar ist legt man die Kochwürste minder hinein damit sie
heiß werden und bratet kleine Kartoffeln dazu. Ein herrliches Essen.
Die Koch darf nicht zu naß sein, vorsichtig mit der Brühe beim Auffüllen.

Nun das Fleisch auf kleiner Flamme 1 Stunde kochen lassen. Nicht länger, sonst wird es trocken. Für ein kleines Stück genügt eine ¾ Stunde. Wenn es gar ist, legt man die Kochwürste dazu, damit sie heiß werden. Man brät kleine Kartoffeln dazu.

Ein herrliches Essen.

Der Kohl darf nicht so nass sein, vorsichtig mit der Brühe beim Auffüllen.

# SALATE

- Heringssalat
- Speckkartoffeln mit grünem Salat
- Fleischsalat
- Schlemmerplatte

# Heringssalat

Heringssalat.

Man schält 2 Kartoffeln ab, 4 Äpfel
gallt 8-10 kleine Zwiebeln ab, dann
einem halben Kopf gekochten Sellerie, ein
Stück Kalbsbraten, 4 kleine Rotebet
kocht man, gallt sie ab und schneidet in
Scheiben, tut in Essig schon einen Tag

vorher, damit sie ordentlich durchziehen, dann
legt man zwei gute Heringe in Wasser,
entgrätet sie und zieht sie ab, man noch
zwei hart gekochte Eier. Sämtliches gibt zusammen tut man in eine Schüssel. Nun nimmt
man noch etwas Öl, Essig von dem Roten
bet und an in Wasser aufgelöstes Salz
Süßen dann. Dann mengt man es kräftig mit einander und gibt es in einer
Glasschale zu Tisch, garniert mit einem
Kranz von gehackten Lauch und Eigelb.

## Zutaten:

| | | |
|---|---|---|
| 2 | | Heringe |
| 2 | | Salzgurken |
| 4 | | Äpfel |
| 8-10 | | kleine Kartoffeln |
| ½ | Kopf | Sellerie (gekocht) |
| 1 | Stück | Kalbsbraten |
| 4 | | kleine Rote Beete |
| | | Essig, Salz |
| 2 | | Eier |
| 1 | Bund | Suppenkraut |
| 1 | Würfel | Liebig (Fleischbrühe) |

## Zubereitung:

Der Kalbsbraten wird mit Suppenkraut und Salz gar gekocht. Dann wird er kaltgestellt.

Man schält 2 Salzgurken ab, schält 4 Äpfel, 8-10 kleine Pellkartoffel werden abgepellt, dann einen halben Kopf gekochten Sellerie, ein Stück Kalbsbraten in kleine Stücke schneiden.

4 kleine rote Beete kocht man pellt sie ab und schneidet sie in Scheiben. Dann legt man sie in Essig. Dieses wird schon einen Tag vorher gemacht, damit der Essig ordentlich durchzieht.

Dann legt man zwei Heringe ins Wasser, entgrätet sie und zieht sie ab.

Nun werden zwei Eier und hart gekocht und zusammen mit sämtlichem Feingehackten legt man alles in eine Schüssel.

Man rührt noch etwas Öl, Essig von der roten Beete und ein in Wasser aufgelöstes Stück Liebig dran (Fleischextrakt).

Dann verrührt man alles miteinander und gibt es in einer Glasschale zu Tisch. Es wird verziert mit einem Stern von gehacktem Eiweiß und Eigelb.

# Speckkartoffeln mit grünem Salat

Speckkartoffeln mit grünem Salat!.
Zwei Zwiebeln werden mit 250 gr
grünwürfeltem Speck hellbraun gebraten.
5 1/2 fry mit der Schale gekochte Kartoffeln
werden in Scheiben geschnitten, mischt
mit Salz, Petersilie u. feinem Milch oder
feinem Rahm und vermischt alles mit
einander, giebt mit Salat zu Tisch.

## Zutaten:

| | | |
|---|---|---|
| 2 | | Zwiebeln |
| 250 | Gramm | Speck |
| 1,5 | Kilogramm | Kartoffeln |
| | | Salz |
| | | Petersilie |
| | | saure Sahne |

## Zubereitung:

2 Zwiebeln werden mit 250 Gramm gewürfelten Speck hellbraun gebraten. 1,5 Kilogramm mit der Schale gekochte Kartoffeln werden in
Scheiben geschnitten, gewürzt mit Salz, Petersilie und saurer Milch o-
der saurem Rahm und vermischt alles miteinander, gibt mit Salat zu
Tisch.

# Fleischsalat

Fleischsalat.

Man mageres Rindfleisch mit Suppenkraut
einen Tag vorher kochen. Den anderen Tag
das Fleisch in kleine Streifen schneiden

und zu dem Salat tun. Der Salat: 1 kleine
Dose Bohnen, 1 kleine Dose Erbsen 1 Dose Champignons und 1 " Dose Spargel vermischen,
dann tut man in eine andere Schüssel,
1/2 " Majonnaise, 1/4 Tasse Sahne, 4 Eßlöffel
Tomatenketchup, 1 Teelöffel Worcestersoße,
verrühren, mit Salz Pfeffer Zitronensaft
und einem kleinen Gläschen Cherry
würzen. Die Majonnaise erst kurz vor
dem Servieren mit dem Salat vermischen.
Die Flüssigkeiten aus den Dosen nimmt
man zu der Bouillon wo das Fleisch
drin gekocht ist, und macht eine
schmackhafte Suppe draus als Vorspeise.

## Zutaten:

| | | | |
|---|---|---|---|
| 500 | Gramm | Rindfleisch | (mager) |
| 1 | Bund | Suppenkraut | |
| 1 | Dose | Bohnen | (klein) |
| 1 | Dose | Erbsen | (klein) |
| 1 | Dose | Champignons | |
| 1 | Dose | Spargel | |
| 250 | Gramm | Mayonnaise | |
| ¼ | Tasse | Sahne | |
| 4 | Esslöffel | Tomatenketchup | |
| 1 | Teelöffel | Worcester Sauce | |
| 1 | Glas | Cherry | (klein) |
| | | Salz, Pfeffer | |
| 1 | | Zitrone | |

## Zubereitung:

Das Rindfleisch mit dem Suppenkraut einen Tag vorher kochen.

Am anderen Tag das Fleisch in kleine Streifen schneiden und zu dem Salat tun.

## Zubereitung Salat:

1 kleine Dose Bohnen, 1 kleine Dose Erbsen, 1 Dose Champignons und 1 Dose Spargel vermischen.

Dann tut man in eine andere Schüssel 250 Gramm Mayonnaise, ¼ Tasse Sahne, 4 Esslöffel Tomatenketchup, 1 Teelöffel Worcester Sauce. Alles verrühren und mit Salz, Pfeffer, Zitronensaft und einem kleinen Gläschen Cherry würzen.

Die Mayonnaise erst kurz vor dem Servieren mit dem Salat vermischen.

Die Flüssigkeiten aus den Dosen nimmt man zu der Boullion, in der das Fleisch gekocht wurde und macht daraus eine schmackhafte Suppe daraus als Vorspeise.

# Schlemmerplatte

Schlemmerplatte.

Auf einem großen Holzbrett anrichten.
Gerollte Roastbeef oder Käsescheiben mit
Sahnemeerrettich oder Remouladensauce
füllen. Gekochte halbierte Eier mit deutschem
Kaviar garnieren; Tomaten mit fertig gekauf-
ter-

Krabbenmayonnaise füllen. Als Nachtisch
einen garnierten Käseteller.

## Zutaten:

|  | Scheiben | Roastbeef |
| **Oder** | Scheiben | Kassler |
|  |  | Sahnemeerrettich |
| **Oder** |  | Remouladensauce |
|  |  | Eier |
|  | Deutscher | Kaviar |
|  |  | Tomaten |
|  |  | Krabbenmayonnaise |
| div. | Sorten | Käse |

## Zubereitung:

Auf einem großen Holzbrett anrichten.

Gerollte Roastbeef oder Kassler Scheiben mit Sahnemeerrettich oder Remouladensauce füllen. Gekochte halbierte Eier mit deutschem Kaviar garnieren. Tomaten mit fertig gekaufter Krabbenmayonnaise füllen. Als Nachtisch einen Käseteller garnieren.

# FISCH REZEPTE

- Seezunge mit Krebssauce
- Hummer mit Mayonnaise
- Hecht
- Matjesplatte

# Seezunge mit Krebssauce

Seezungen mit Krebssauce.

2–3 Seezungen zieht man ab, schneidet sie, nimmt das Fleisch in 4 Teile und kocht sie unter einer halben Flasche Weiß-wein und wenig Wasser dazu, daß sie in dem Topfe gewölbt bedeckt sind. Nun kocht man 20–25 Krebse in singendem kochendem Wasser 3 große Löffel Salz dann ein 10–15 Minuten. Dann macht man die Schwän-ze heraus, hält die Schalen mit kräftig Butter bis sie ganz fein sind und schmal-zt sie noch 1½ Stunde mit Butter; gießt durch ein Sieb und läßt erkalten. Hat sich das Wasser von der Butter abgesondert, nimmt man die Butter ab tut sie in einen Topf, dann entfaltete Bouillon, Salz, Mehl einige Noßen Zitronensaft und zwei Eigelb

nicht man dann und zuletzt die Krebsschwän-ze in der Sauce, dann richtet man auf einer langen Schüssel an. Die Seezungen die hingen auch auf der Schüssel, die Krebs-sauce darüber gegossen und ihrer Haupt-Entschalen gelegt, angemacht mit un bis ihr darüber Milch und ein Stückchen Butter. Diese Rezepte reichen für 6 Personen aus.

## Zutaten:

| | | |
|---|---|---|
| 2-3 | | Seezungen |
| 1 | Flasche | Weißwein |
| 20-25 | Stück | Krebse |
| 3 | große Löffel | Salz und Liebig (Fleischbrühe) |
| | | Zitronensaft |
| | | Butter |
| 2 | | Eigelb |
| | | Kartoffelbrei |

## Zubereitung:

2-3 Seezungen zieht man ab, entgrätet sie, schneidet das Fleisch in 4 Teile und kocht diese mit einer halben Flasche Weißwein und so viel Wasser dazu, dass sie in dem Kessel ziemlich bedeckt sind. Nun kocht man extra 20-25 Krebse in springend kochendem Wasser mit 3 großen Löffel Salz dran 10-15 Minuten. Dann schneidet man die Schwänze heraus und legt sie zur Seite. Die Schalen hackt man mit reichlich Butter, bis sie ganz fein sind und schmort sie noch 1,5 Stunden in der Butter. Dann gießt man alles durch ein Sieb und lässt es erkalten. Hat sich das Wasser von der Butter abgesondert, nimmt man die Butter ab und gießt sie in einen Topf. Dann rührt man in die entfetten Bouillon, Liebig, Mehl, wenige Tropfen Zitronensaft und zwei Eigelb, zuletzt kommen die Krebsschwänze in die Sauce.

Dann richtet man alles auf einer langen Schüssel an. Die Seezungen werden der Länge nach auf eine Schüssel gelegt, die Krebssauce wird darüber gegossen und herum Kartoffelbrei dekoriert. Der Kartoffelbrei wird angerichtet mit ein wenig kochender Milch und einem Stück Butter. Dieses Rezept reicht für 6 Personen

# Hummer mit Mayonnaise

Hummer mit Mayonnaise.

4 ziemlich große Hummer kocht man in
reichlich Salzwasser 1 u dann 20 - 25 Minuten. Dann richtet man die Hummer auf

einer anderen Schüssel mit Salat an. Man
belegt die Mitte, herum den Rand herum
mit Salatblätter, macht die Schwänze
auseinander und klopft die Schwänze an,
legt alsdann die zerteilten Schwänze
und Schwänze herum und in die Mitte
senkrecht den einen Hummerkopf.
die Mayonnaise: 5 Eigelb dazu den
3/4 Teil einer vollen Flasche Öl, einen Messerspitze weißen Pfeffer a in Messerspitze Zucker, bißchen Essig oder den
Saft einer vollen Zitrone und zwei kleine Teelöffel Senf. Zu Salat nimmt man
nur Ei, Öl, Zucker und ein bißchen Essig

N. L. P. S.

# Zutaten:

| | | |
|---|---|---|
| 4 | große | Hummer |
| 500 | Gramm | Salz zum Kochen |

## Salat:

| | | |
|---|---|---|
| 1 | Kopf | Salat |
| | | Eier |
| | | Öl |
| | etwas | Zucker |
| | etwas | Essig |

## Mayonnaise:

| | | |
|---|---|---|
| 5 | | Eigelb |
| ¾ | Teil | einer halben Flasche Öl |
| | | weißer Pfeffer |
| | | Zucker |
| | etwas | Essig |
| 1 | halbe | Zitrone |
| 2 | kleiner Teelöffel | Senf |

## Zubereitung:

4 ziemlich große Hummer kocht man in reichlich Salzwasser, 20-25 Minuten. Dann richtet man die Hummer auf einer runden Schüssel mit Salat an. Man belegt die Mitte, sowie den Rand herum mit Salatblättern. Dann macht man die Schwänze auseinander und klopft die Scheren ein, legt alsdann die zerteilten Schwänze und Scheren herum und in der Mitte senkrecht den einen Hummerkopf.

### Die Mayonnaise:

5 Eigelb, dazu den ¾ Teil einer halben Flasche Öl, eine Messerspitze weißen Pfeffer, eine Messerspitze Zucker, ein wenig Essig oder den Saft einer halben Zitrone und zwei kleine Teelöffel Senf.

### Der Salat:

Zum Salat nimmt man ein Ei, Öl, Zucker und etwas Essig.

# Hecht

Gereinigter Hecht.

Ein Hecht von 1½ ℔ auf dem Rücken aufschneiden und vorsichtig das Fleisch ablösen,
die Gräten in etwas Wasser auskochen zu
einer. Das Fischfleisch, durch ein Sieb streichen,
3 eingeweichte Rundstücke nicht bitter ausdrücken und ebenfalls durch ein Sieb streichen.
Dann in Püree mit Eier etwas geschlagenen
weißen Pfeffer, Muskatblüte und das Weiße
zu Schaum gut durchrühren. In Masse in
die entgrätete Fischhaut füllen und zu nähen.
In der Pfanne 30 Minuten braten. Die Tunke
ein helle Mehlschwitze mit dem Fischwasser abgezischt. Den Saft von 2 Zitronen
hinzutun und mit Zucker abschmecken.
In Scheiben geschnittene Kartoffeln
dazu reichen.

## Zutaten:

| | | |
|---|---|---|
| 750 | Gramm | Hecht |
| 3 | | Brötchen |
| | | weißer Pfeffer |
| | | Muskatnuss |
| 3 | | Rundstücke (Brötchen) |
| 2 | | Zitronen (nur der Saft) |
| | | Zucker zum Abschmecken |
| 3 | | Eier |

## Zubereitung:

Ein Hecht von 750 Gramm (1 ½ Pfund) auf dem Rücken aufschneiden und vorsichtig das Fleisch ablösen. Die Gräten in etwas Salzwasser auskochen für die Sauce.

Das Fischfleisch durch ein Sieb streichen und 3 eingeweichte Rundstücke recht trocken ausdrücken und ebenfalls durch ein Sieb streichen.

Dann die Farce mit Salz und etwas gestoßenem weißen Pfeffer, Muskatblüte und 3 Eier und allein das Weiße zu Schaum gut durchrühren.

Die Masse in die entgrätete Fischhaut füllen und zunähen.

In der Pfanne 20 Minuten braten.

### Die Sauce:

Eine helle Mehlschwitze mit dem Fischwasser abrühren. Den Saft von 2 Zitronen hinzutun und mit Zucker abschmecken.

Mit in Scheiben geschnittenen Bratkartoffeln servieren.

# Matjesplatte

Matjesplatte, man kann den Salat auch mit einer Soße Senfsoße zubereiten, dann aber alles ziemlich fein hacken. Für die Matjesplatte benötigt man, 4 Matjesfilets, 2 hartgekochte Eier, 2 Tomaten,

1 Apfel, eine Zwiebel, 1 Gewürzgurke, 1/4 l Sahnequark, 1/4 Mayonnaise, etwas Tomatenketchup, etwas Milch, Salz, Zucker und Petersilie. Matjesfilets in zentimeterbreite Happen schneiden, dann in kleine Stücke schneiden, dann die Eier Tomaten Apfel, Gewürzgurke in dünne Scheiben schneiden, die Zwiebel klein schneiden alles in eine Schüssel tun. Aus Sahnequark, Mayonnaise, Tomatenketchup, Milch, Salz u. Zucker eine Soße rühren und darüber gießen. Mit Petersilie garnieren, dazu gebratene Pellkartoffeln.

## Zutaten:

| | | |
|---|---|---|
| 4 | | Matjesfilet |
| 2 | | Eier hartgekocht |
| 2 | | Tomaten |
| 1 | | Apfel |
| 1 | | Zwiebel |
| 1 | | Gewürzgurke |
| 125 | Gramm | Sahnequark |
| 125 | Gramm | Mayonnaise |
| | etwas | Tomatenketchup |
| | etwas | Milch |
| | etwas | Salz |
| | etwas | Zucker |
| | | Petersilie |

## Zubereitung:

Man kann den Salat auch mit einer Dose Thunfisch zubereiten, dann aber alles ziemlich fein hacken. Alle anderen Zutaten kommen nun in eine Schüssel. Dann das Matjesfilet in zentimeterbreite Streifen schneiden und in kleine Stücke zerlegen. Die Eier, Tomaten, Apfel, Gewürzgurke in dünne Scheiben schneiden, die Zwiebel klein schneiden, und alles zusammen in die Schüssel tun. Aus Sahnequark, Mayonnaise, Tomatenketchup, Milch, Salz und Zucker eine Sauce rühren und darüber gießen. Mit Petersilie garnieren und dazu gebratene Pellkartoffeln.

# GEFLÜGEL REZEPTE

- Haselhühner
- Rebhühner
- Gefüllter Puter

# Haselhühner

Haselhühner.

5-6 Haselhühner schmort man mit Speck
umwickelt in der guten Pfanne mit Butter
und saurer Sahne. Dann richtet man auf
einer langen Schüssel an, löst die Brüste
und Keulen heraus, gibt kleine gebratene
Kartoffeln dabei herum gelegt. Die Sauce wird
dabei serviert.

## Zutaten:

| | | |
|---|---|---|
| 5-6 | | Haselhühner |
| | | durchwachsener Speck in Scheiben |
| 1 | Becher | saure Sahne |
| | | Butter zum Schmoren |
| | | Kartoffeln zum Braten |

## Zubereitung:

5-6 Haselhühner schmort man mit Speck umwickelt eine gute Stunde mit Butter und saurer Sahne.

Dann richtet man auf einer langen Schüssel an. Die Brüste und Keulen werden herausgelöst serviert. Dazu gibt es kleine gebratene Kartoffeln. Diese werden um das Fleisch herumdekoriert.

Aus dem Sud wird eine Sauce hergestellt. Die Sauce wird extra serviert.

# Rebhühner

Rebhühner.

4. Rebhühner schmort man mit Speck und Weinblätter umwickelt eine Stunde mit Butter und saurer Sahne. Dann löst man die Brüste und Keulen heraus, legt sie auf eine lange Schüssel und klein gebratene Kartoffeln dabei herum gelegt und die Sauce dabei schmort. Die Menge reicht für 3 Personen.

## Zutaten:

| 4 | Stück | Rebhühner |
|---|---|---|
| | Scheiben | durchwachsener Speck |
| | | saure Sahne |
| | | gebratene Kartoffeln |
| | | Weinblätter zum Umwickeln |

## Zubereitung:

4 Rebhühner umwickelt man mit Speck und mit Weinblättern. Man schmort sie in Butter und saurer Sahne.

Dann löst man die Brüste und Keulen heraus, legt sie auf eine lange Schüssel und legt kleine gebratene Kartoffel herum. Die Sauce wird nebenbei serviert.

Das Rezept ist für 3 Personen.

# Gefüllter Puter

Füllung Gefüllter Puter.
1 Puter 3 - 4 kg, Salz, Füllung 3 Tr Brötchen
1 kleine Zwiebel, 40 gr Butter oder Margarine
250 gr Schweinehack, 250 gr Ochsenhack oder
Kalbshack 2 Eier, etwas Paprika, ¼ Butter
¼ saure Sahne oder ⅛ saure Sahne u ⅛
süße Sahne, Mehl zum Binden der
Tunke und kochendes Wasser für die
Tunke natürlich.

Nach dem Sengen, den Puter ausnehmen,
Kopf entfernen und vor dem Abtrennen
der unteren Teilen am Gelenk. Einschnitte
machen und Sehnen heraus ziehen. Puter
waschen, von innen u außen salzen und
die Füllung hineingeben. Dafür die eingeweichten Brötchen mit den Eiern und
Zutaten zu einem Kloß formen und den
Puter damit füllen, die Öffnungen zunähen,
den Puter mit flüssiger Butter begießen
und im Bratofen bei halb großer Flamme
2 ½ - 3 Stunden braten lassen, inzwischen
mehrere male mit der flüssigen Butter begießen. Tunke mit Sahne u Wasser
mischen, mit Mehl binden u mit Salz
abschmecken.

## Zutaten für die Füllung:

| | | |
|---|---|---|
| 2-3 | Kilogramm | 1 Puter |
| 2-3 | | Brötchen |
| | kleine | Zwiebel |
| 40 | Gramm | Butter oder Margarine |
| 250 | Gramm | Schweinehack |
| 250 | Gramm | Ochsenhack oder Kalbshack |
| 2 | | Eier |
| | etwas | Paprika |
| 125 | Gramm | Butter |
| ¼ | Liter | saure Sahne oder |
| ⅛ | Liter | süße Sahne und |
| ⅛ | Liter | saure Sahne |
| | etwas | Mehl zum Binden der Tunke und Wasser |

## Zubereitung:

Nach dem Sengen den Puter ausnehmen, Kopf entfernen und vor dem Abtrennen der unteren Keulen am Gelenk Einschnitte machen und Sehnen herausziehen. Puter waschen, von innen und außen salzen und die Füllung hineingeben.

Dafür die eingeweichten Brötchen mit den Eiern und Zutaten zu einem Kloß formen und den Puter damit füllen. Die Öffnungen zunähen. Den Puter mit flüssiger Butter begießen und im Bratofen bei halb großer Flamme 2 ½ bis 3 Stunden braten lassen. Inzwischen mehrere Male mit der flüssigen Butter begießen. Tunke mit Sahne und Wasser mischen, mit Mehl binden und mit Salz abschmecken.

# FLEISCH GERICHTE

- Eingelegte Ochsenzunge
- Eingelegte Kalbszunge
- Römische Pasteten
- Kohl und Hammelfleisch
- Gefüllter Schweinerippenbraten
- Himmel und Erde
- Hackbraten mit Ei
- Schweinebraten mit Rotkohl
- Hammel- oder Ochsenfleisch mit grünen Bohnen

# Eingelegte Ochsenzunge

Eingelegte Ochsenzunge.

Eine Zunge von mittlerer Größe, 1½ Liter
Wasser mit ½ a Salz aufkochen und 2 Eßlöffel Zucker, wenn etwas abgekühlt, dann
1 Teelöffel Salpeter hinzu tun. Die Zunge
noch ein wenig mit Salpeter einreiben.
Die Salze halt über die Zunge ziehen. Nach vier-
zehn Tagen kann die Zunge gekocht werden.
Laßt die Salze sehend machen, dann die Zunge
einlegen und 1 – 1½ Stunden kochen lassen.
Nach dem abziehen und in der erkalteten
Lake aufbewahren. Salpeter darf nicht gekocht werden.

## Zutaten:

| | | |
|---|---|---|
| 1 | | Ochsenzunge |
| 1,5 | Liter | Wasser |
| 250 | Gramm | Salz |
| 2 | Esslöffel | Zucker |
| 1 | Teelöffel | Salpeter (Pökelsalz) |

## Zubereitung:

Eine Ochsenzunge von mittlerer Größe.

1,5 Liter Wasser mit 250 Gramm Salz aufkochen und 2 Esslöffel Zucker. Wenn die Flüssigkeit etwas abgekühlt ist, dann 1 Teelöffel Salpeter (Pökelsalz) hinzugeben. Die Zunge noch ein wenig mit Salpeter (Pökelsalz) einreiben.

Die Lake kalt über die Zunge geben.

Nach 14 Tagen kann die Zunge gekocht werden. Erst die Lake kochend machen, dann die Zunge einlegen und 1,5 Stunden kochen lassen. Nach dem Abziehen und in der erkalteten Brühe aufbewahren.

Salpeter darf **nicht** gekocht werden.

# Eingelegte Kalbszunge

## Zutaten:

| | | |
|---|---|---|
| 1 | | Kalbszunge |
| 0,5 | Liter | Wasser |
| 2 | Esslöffel | Salz |
| 1 | Esslöffel | Zucker |
| | | Salpeter (Pökelsalz) |

## Zubereitung:

0,5 Liter Wasser mit 2 reichlichen Esslöffeln Salz und einem Esslöffel Zucker aufkochen.

Die Zunge mit wenig Salpeter Pökelsalz einreiben.

Die Lake kalt über die Zunge gießen. Nach acht Tagen kann die Zunge gekocht werden.

Erst die Lake kochend machen, dann die Zunge einlegen. 1 Stunde kochen, abgießen und in der erkalteten Brühe aufbewahren.

# Kohl und Hammelfleisch

Kohl und Hammelfleisch.

250 gr Hammelfleisch 3–4 ℔ Kohl,
3 ℔ in Scheiben geschnittene rohe
Kartoffeln, 1 große Zwiebel, Salz
und Pfeffer (gestoßen) und noch 1/4 ℔
Hammelfett und 1/4 Liter Wasser
drüber tun.

Das in Würfel geschnittene Fleisch
(in Fett),

Der fein geschnittene Kohl und die
Kartoffeln werden abwechselnd mit
der fein geschnittenen Zwiebel, Salz
und Pfeffer in den Topf geschichtet,
obenauf Gemüse und das Flüssige.
Mit dem gehalten, dann 1½–2 Std.
bei auf kleinem Feuer gar gekocht.

## Zutaten:

| | | |
|---|---|---|
| 250 | Gramm | Hammelfleisch |
| 3-4 | Pfund | Kohl |
| 2 | Pfund | Kartoffel |
| 1 | Große | Zwiebel |
| | Etwas | Salz |
| | Etwas | Pfeffer |
| 125 | Gramm | Hammelfett |
| ¼ | Liter | Wasser |

## Zubereitung

Das in Würfel geschnittene Fleisch (und Fett), der fein geschnittenen Kohl und die Kartoffeln werden abwechselnd mit der klein geschnittenen Zwiebel, Salz und Pfeffer in einem Topf geschichtet, obendrauf Gemüse und die Flüssigkeit dazu gegeben, dann 1,5 bis 2 Stunden auf kleiner Flamme gar kochen.

# Gefüllter
# Schweinsrippenbraten

## Zutaten:

| | | |
|---|---|---|
| 1 | Stück | Schweinsrippe |
| 500 | Gramm | Apfelscheiben |
| 1 | Tasse | Rosinen |
| einige | Löffel | geriebene Semmel |
| einige | | Nelken |
| ⅛ | Liter | saurer Rahm |
| 1 | Esslöffel | Zucker |
| etwas | | Salz |

## Zubereitung:

Aus einem Schweinsrückenstück werden vorsichtig die Knochen gelöst. Von 500 Gramm Apfelscheiben, einer Tasse gewaschenen Rosinen, einigen Löffeln geriebenen Semmeln, einen Löffel Zucker und etwas Salz bereitet man die Füllung.

Mit dieser Füllung bereitet man den Schweinsrippenbraten, näht die Öffnung zu verschnürt es gut.

Im Bratofen oder in kurzer Soße im Topf schmoren.

An die Soße ⅛ Liter saure Sahne tun und einige Nelken.

Wenn etwas von der Füllung übrig bleibt, nebenbei in einem kleinen Topf schmoren.

# Himmel und Erde

Himmel und Erde.

In noch [...] wird eine Schüssel
[...] hergestellt und eine Schüssel
voll [...], deren Inhalt aber nur
die Hälfte weniger sein kann als die
[...]. Beides wird zu-
sammen [...] und als [...] mit
[...] gemischt, oder auch im [...]
[...] [...] man [...], man nimmt
auch [...] [...] dazu.

## Zutaten:

| | | |
|---|---|---|
| 1 | Schüssel | Kartoffeln |
| 1 | Schüssel | Apfelmus |
| | | Speck |
| | | Zwiebeln |
| 1 | | Kotelett oder |
| | | Blutwurstscheiben |

## Zubereitung:

Je nach Personenzahl wird eine Schüssel Kartoffelbrei hergestellt und eine Schüssel voll Apfelmus dazu genommen, deren Inhalt aber um die Hälfte weniger sein kann, als die vorbereiteten Kartoffeln.

Beides wird zusammen vermengt und als Eintopf mit ausgebratenem Speck und Zwiebelscheiben gemischt.

Man kann auch ein Schweinekottelet dazu braten, oder auch gebratene Blutwurstscheiben dazu nehmen.

# Hackbraten mit Ei

Hackbraten mit Ei ( Wird nur Tage vorher zu
300 gr Rindfleisch, 200 gr Schweinefleisch 50-75 gr
Speck, 2 Semmeln, eine große Zwiebel, Salz
ein rohes Ei und 2 hart gekochte Eier:

Den Speck in kleine Würfel schneiden und
darin die Zwiebel schön goldbraun rösten,
das Fleisch in eine Schüssel geben, darauf
Speck u. Zwiebel und gut miteinander
vermischen. Nun das rohe Ei und die eingeweichten Semmel, die man fast ausdrückt, unter das Fleisch mengen. Den
Teig mit Salz und etwas Pfeffer abschmecken.
Den Boden einer Kastenform streut man mit
Semmelbrösel aus und belegt denselben
mit 1/3 der Fleischmenge, die hartgekochten
und abgepellten Eier in die Mitte legen
und den Rest des Fleisches darüber verteilen
und gut andrücken, damit man nachher sie
in Scheiben abschneiden kann. Den Hackbraten im Ofen 1 Stunde braten, einige
Halbstückchen obenauf verteilen oder ein
gefülltes Feuer überlegen; damit sich
zu feste Kruste bildet. Den Hackbraten gibt
man zu Kartoffelsalat oder zu Butterbrot

## Zutaten:

| | | |
|---|---|---|
| 300 | Gramm | Rinderhack |
| 200 | Gramm | Schweinehack |
| 50-75 | Gramm | Speck |
| 2 | Stück | Semmeln (Brötchen) |
| 1 | große | Zwiebel |
| | | Salz |
| 1 | | Ei – roh |
| 2 | | Eier – hartgekocht |

*(Wird am Tage vorher zubereitet)*

## Zubereitung:

Den Speck in kleine Würfel schneiden und darin die feingeschnittene Zwiebel goldbraun dünsten. Das Fleisch in eine Schüssel geben, darauf Speck und Zwiebel und gut miteinander vermischen. Nun das rohe Ei und die eingeweichten Semmeln, die man fest ausdrückt, unter das Fleisch mengen. Den Teig mit Pfeffer und Salz abschmecken. Den Boden einer gefetteten Kastenform streut man mit Semmelbrösel aus und belegt denselben mit ⅓ der Fleischmenge, die hartgekochten und abgepellten Eier in die Mitte legen und den Rest des Fleisches darüber verteilen und gut andrücken, man damit nachher schöne Scheiben abschneiden kann.

Den Hackbraten im Ofen 1 Stunde braten, einige Fettflöckchen obenauf verteilen oder ein gefettetes Papier drüberlegen, damit sich keine zu feste Kruste bildet.

Den Hackbraten gibt man zum Kartoffelsalat oder zu Butterbrot hin.

# Schweinebraten mit Rotkohl

## Zutaten:

| 1500 | Gramm | Schweinebraten |
|------|-------|----------------|
| 1 | große | Zwiebel |
| | | Pfefferkörner |
| | | Salz |

## Zubereitung:

Den Braten setzt man mir einer Tasse Wasser im Bratofen an. Man rechnet zirka 2 Stunden. Es richtet sich nach der Höhe des Bratens. Man rechnen auf 1 cm Höhe 15-18 Minuten. Nach einer Stunde braten legt man eine große Zwiebeln dran und Pfefferkörner. Oft begießen. Wenn der Braten gar ist, gießt man die Sauce durch ein Sieb und dickt mit Mehl an. Der Braten muss schön braun sein. Man stellt ihn auf die mittlere Gasflamme und reibt ihn vorher auf beiden Seiten mit Salz ein.

# Hammelfleisch oder Ochsenfleisch mit grünen Bohnen

Hammelfleisch und grünen Bohnen
1 ℔ Hammelfleisch in kleine Würfel schneiden
und in einen Topf geben, mit einer Zwiebeln
leicht zweimal überdecken und mit Wasser
auffüllen das alles bedeckt ist. 750 gr grüne
Bohnen drauf legen. Nach dem Aufkochen
salzen. Kurz vor dem Garen 500 gr geschnittene Kartoffeln hinzu fügen,
gehacktes Bohnenkraut oder Petersilie
und Essig hinzufügen. Wenn alles
gar ist mehrmals abschmecken. Wenn
man keine frischen Bohnen mehr hat
kann man ein 2 ℔ weiße einweichen
die schüttet man dann
erst hinzu, wenn das Fleisch gar
ist, lässt man die Kartoffeln hinzu
tut, mit Mehl binden und Petersilie
dran tun.

## Zutaten:

| | | | |
|---|---|---|---|
| 500 | Gramm | Hammelfleisch | |
| | | Zwiebeln | |
| 750 | Gramm | grüne Bohnen | **Oder** |
| 2 | Dosen | Bohnen | |
| 500 | Gramm | Kartoffeln | |
| | evtl. | Bohnenkraut | **Oder** |
| | | Petersilie | |
| | | Pfeffer | |

## Zubereitung:

Das Hammelfleisch in kleine Würfel schneiden und in einen Topf geben. Mit einer dünnen Schicht geschnittener Zwiebeln bedecken und mit Wasser auffüllen, sodass alles bedeckt ist. 750 Gramm grüne Bohnen darauf legen. Nach dem Aufkochen salzen. Kurz vor dem Garen 500 Gramm geschnittene Kartoffeln hinzufügen. Gehacktes Bohnenkraut oder Petersilie und Pfeffer hinzufügen. Wenn alles gar ist, nochmals abschmecken.

Wenn man keine frischen Bohnen mehr hat, kann man zwei Dosen je 500 Gramm eingemachte Bohnen nehmen. Die schüttet man dann erst hinzu, wenn das Fleisch gar ist. Nun mit Mehl leicht binden und Petersilie daran tun.

# NACHTISCH

- Feine Schokoladencreme
- Vanille Pudding
- Creme Josephine
- Apfelsinen Pudding
- Buttermilch Pudding
- Zitronencreme
- Kaffeecreme

# Feine Schokoladenkreme

Feine Schokoladenkreme.
100 gr Blockschokolade, ½ Liter Milch,
50 gr Zucker, 1 Päckchen Vanillen-
Zucker

eine Prise Salz 40 gr Maizena, 1
Eßlöffel Buttern Extrakt, kann auch
in Zitronenform genommen werden u ¼ ℓ Schlagsahne.
Zubereitung: Die Schokolade mit
etwas Milch im Topf verrühren
bis sie geschmilzt, die restliche Milch
bis auf 4 Eßlöffel dazu geben
mit Salz, Vanillenzucker u Zucker
zum Kochen bringen, das in der
restlichen Milch angerührte Maizena unter Rühren hinzu tun,
mit dem Buttern abschmecken
und unter die abgekühlte Speise
die steif geschlagene Sahne ziehen

## Zutaten:

| | | |
|---|---|---|
| 100 | Gramm | Blockschokolade |
| ½ | Liter | Milch |
| 50 | Gramm | Zucker |
| 1 | Tüte | Vanillezucker |
| 1 | Prise | Salz |
| 40 | Gramm | Margarine |
| 1 | Teelöffel | Kaffeeextrakt (auch in Pulverform möglich) |
| ¼ | Liter | Schlagsahne |
| 40 | Gramm | Maizena |

## Zubereitung:

Die Schokolade mit etwas Milch im Topf erwärmen bis sie gelöst ist. Die restliche Milch bis auf 4 Esslöffel dazu gießen, mit Salz, Vanillezucker und Zucker zum Kochen bringen. Das in der restlichen Milch angerührte Maizena unter Rühren hinzu tun, mit dem Kaffee abschmecken und unter die abgekühlte Speise die steifgeschlagene Sahne rühren.

# Vanillecreme

Vanillakrem

Man bereitet aus einem Fläschchen
Vanillezuckerzugehör, ½ Liter Milch
und 2 Esslöffel Zucker eine Creme
die man im kalt gestellt wenn
es kocht.

## Zutaten:

| | | |
|---|---|---|
| 1 | Päckchen | Vanillepuddingpulver |
| ½ | Liter | Milch |
| 2 | Esslöffel | Zucker |
| 1 | | Eigelb |

## Zubereitung:

Man bereitet aus einem Päckchen Vanillepuddingpulver, ½ Liter Milch und 2 Esslöffel Zucker einen Pudding, dem man ein Eigelb zufügt wenn es kocht.

# Creme Josephine

Creme Josephine

Zutaten: 20 gr Butter, 60 gr Zucker,
40 gr geschälte u gehackte Mandeln,
½ Liter Milch, 1 Päckchen Vanille'n.
zucker, 35 gr Maizena u ¼ ℔
Schlagsahne.

Butter, Zucker u gehackte Mandeln
unter ständigem Rühren hellbraun rösten, vom Herd nehmen
und etwas abkühlen lassen,
bevor 2/3 der Milch u Vanillenzucker dazu gegeben werden. Zum
Kochen bringen u mit der restlichen Milch das Maizena anrühren

u die Speise binden. Erkalten
lassen, kremartig schlagen und
die Schlagsahne unter rühren.

## Zutaten:

| | | |
|---|---|---|
| 20 | Gramm | Butter |
| 60 | Gramm | Zucker |
| 40 | Gramm | geschälte und gehackte Mandeln |
| ½ | Liter | Milch |
| 1 | Tüte | Vanillezucker |
| 35 | Gramm | Maizena |
| ¼ | Liter | Schlagsahne |

## Zubereitung:

Butter, Zucker und gehackte Mandeln unter ständigem Rühren hellbraun rösten, vom Herd nehmen und etwas abkühlen lassen, bevor ⅔ der Milch und Vanillezucker dazugegeben werden. Zum Kochen bringen mit der restlichen Milch, das Maizena anrühren und die Speise binden. Erkalten lassen, cremeartig schlagen und die Schlagsahne unterrühren.

# Apfelsinenpudding

Apfelsinenpudding.

3 saftige Apfelsinen, 1 Citrone, 125 gr. Zucker, wenig Salz, 15 gr weiße Gelatine und knapp ½ Liter steif geschlagene Sahne. Man tut den Zucker in einen Topf und reibt auf

diesem die Schale der Zitrone ab, hinzu tut man den Saft der 3 Apfelsinen und den Saft der Zitrone und die Gelatine, alles verrühren, einmal aufgekocht, schnell abgenommen und gerührt bis es fast erkaltet ist. Dann wird die Sahne geschlagen, den Apfelsinensaft langsam mit der Sahne gerührt und dann in Glasschalen getan.

## Zutaten:

| | | |
|---|---|---|
| 3 | | saftige Apfelsinen |
| 1 | | Zitrone |
| 125 | Gramm | Zucker |
| | | etwas Salz |
| 15 | Gramm | weiße Gelatine |
| ½ | Liter | steif geschlagene Sahne (knapp) |

## Zubereitung:

Man tut den Zucker in einen Topf und reibt auf diesem die Schale der Zitrone ab. Hinzu tut man den Saft der 3 Apfelsinen und den Saft der Zitrone und die Gelatine. Dann alles verrühren, einmal aufkochen, schnell abgenommen und gerührt bis es fast erkaltet ist. Dann wird die Sahne geschlagen. Der Apfelsinensaft wird langsam zu der Sahne gerührt und dann in Glasschalen getan.

# Buttermilch Pudding

Büttermilch - Pudding.

1 Liter Büttermilch wird mit 300 gr
Zucker, dem Saft und Schale einer
Zitrone gemischt, 6 Blatt weiße und
6 Blatt rote Gallentine wird mit
mit etwas heißem Wasser an-
gemischt und kommt dazu, in Gläschen
Ein tun und Vanillensauce dazu
reichen. Im Sommer sehr erfrischend.

## Zutaten:

| | | |
|---|---|---|
| 1 | Liter | Buttermilch |
| 300 | Gramm | Zucker |
| 1 | | Zitrone (Saft und Schale) |
| 6 | Blatt | weiße Gelatine |
| 6 | Blatt | rote Gelatine |

## Zubereitung:

Die Buttermilch wird mit dem Zucker, dem Saft und der Schale von einer Zitrone gerührt, die weiße und die rote Gelatine wird mit etwas heißem Wasser angerührt und kommt dazu. Die Masse in Glasschalen tun und Vanillesauce dazu reichen. Im Sommer sehr erfrischend.

# Zitronencreme

Zitronenkreme

1/2 Liter Wasser, 3/4 ʋ Zucker, 60 gr Maizena,

saftigen
Saft von 4 Zitronen, 4 Eigelb, 4 Eiweiß
und 1/2 ʋ Schlagsahne.
Wasser und Zucker zum Kochen bringen,
Eigelb, Maizena und Zitronensaft gut
verrührt an die Flüssigkeit geben, unter
Rühren aufkochen lassen und vom
Herd nehmen, dann sofort den sehr
steifen Eischnee unterziehen, in Gläser oder Schalen füllen, erkaltet kann
man mit Schlagsahne servieren.

## Zutaten:

| ½ | Liter | Wasser |
|---|---|---|
| 375 | Gramm | Zucker |
| 60 | Gramm | Maizena |
| 4 | | Zitronen (nur der Saft) |
| 4 | | Eigelb |
| 4 | | Eiweiß |
| ½ | Liter | Schlagsahne |

## Zubereitung:

Wasser und Zucker zum Kochen bringen. Eigelb, Maizena und Zitronensaft gut verrührt an die Flüssigkeit geben. Unter Rühren aufkochen lassen und vom Herd nehmen. Dann sofort den sehr steifen Eischnee unterziehen, in Gläser oder Schalen füllen. Erkaltet kann man mit Schlagsahne servieren.

# Kaffeecreme

Kaffeecreme.

1/4 Liter Milch, Zucker nach Geschmack.
läßt man aufkochen. die Gellantine
löst man in etwas kaltem Wasser auf
und tut zu der Milch, schnell einmal
aufkochen u dann abkühlen lassen. In=
zwischen bereitet man von 50 gr Kaffee
einen (Extra) Extrakt, eine Tasse voll,
wenn die Milch abgekühlt ist, den

Kaffee hinzu tun. Wenn alles erkaltet ist,
3/4 ℓ Schlagsahne durch rühren, in Glas=
schalen tun, und im Kühlschranke
stellen, wenn man keinen besitzt,
dann die Speise am Abend vorher
zubereiten.

## Zutaten:

| ½ | Liter | Milch |
|---|---|---|
| | | Zucker nach Geschmack |
| 8 | Blatt | Gelatine |
| 50 | Gramm | Instantkaffee |
| ¾ | Liter | Schlagsahne |
| | | kaltes Wasser |

## Zubereitung:

Die Milch und den Zucker lässt man aufkochen. Die Gelatine löst man in etwas kaltem Wasser auf und tut sie zu der Milch. Schnell einmal aufkochen und dann abkühlen lassen.

Inzwischen bereitet man von 50 Gramm Instantkaffee einen Extrakt (eine Tasse voll). Wenn die Milch abgekühlt ist, tut man den Kaffee hinzu.

Wenn alles erkaltet ist, die ungeschlagene Sahne durchrühren. Dann in Glasschalen tun und in den Kühlschrank stellen.

(Wenn man keinen Kühlschrank besitzt, die Speise am Abend vorher zubereiten)

# EINGEMACHTES

- Apfelgelee
- Saure Pflaumen
- Hagebutten
- Sauerampfer
- Apfelsaft
- Senfgurken
- Pfeffer- oder Essiggurken
- Kronsbeeren
- Quitten
- Gemüse einlegen

# Apfelgelee

Apfelgelee. Ziemlich unreife Äpfel
schneidet man, kocht sie mit wenig Wasser tüchtig ab. Dann läßt man sie auf
ein Tuch ablaufen, kocht ohne den Saft zu
[...] tüchtig [...]
[...]
man noch [...] Weißwein [...] man
[...] auf 3 [...] Saft ein Weinglas,
[...] und Vanilla
[...] füllt in Gläser und [...] mit
[...]
[...]

## Zutaten:

|       | unreife | Äpfel        |
|-------|---------|--------------|
| 500   | Gramm   | Hutzucker    |
| etwas |         | Weizenin     |
|       |         | Rum          |
| 1     | Glas    | Weißwein     |
|       |         | Vanillezucker |
|       |         | Salizylsäure |

## Zubereitung:

Ziemlich unreife Äpfel schneidet man, kocht sie mit wenig Wasser tüchtig aus. Dann lässt man sie auf einem Tuch ablecken.

Man kocht alsdann den Saft mit 500 Gramm Hutzucker tüchtig ein, bis er eine schöne Farbe bekommt und geliert.

Vorher kommt noch etwas Weizenin dazu, man rechnet auf 1500 Gramm Saft ein Glas Wein, kann auch noch mehr sein, zuzüglich Vanille.

Man füllt die Masse in Häfen und belegt diese mit Papier, das mit Rum und Salizylsäure getränkt wurde.

Saure Pflaumen.

Man nimmt sich einen Waschwein
(10 ℔ Pflaumen) 1 Liter Weinessig,
ein viertel Flasche Rotwein, 20 Pf. ganz
zum Krause, 10 Pf. ganze Nelken, macht
die Töpfe warm und tut die Nelken
wein darin und Säckchen und kocht sie
mit darin und nach 3 ℔ Zucker ...

... Wenn der Essig kocht, tut man
die Pflaumen hinein und nimmt sie
[...] sie anfangen zu bersten wieder
heraus und tut den Essig drüber.

## Zutaten:

| | | |
|---|---|---|
| 5 | Kilogramm | Pflaumen |
| 1 | Liter | Weinessig |
| ¼ | Flasche | Rotwein |
| 10-20 | Stück | Nelken |
| | | Carnehl |
| 1 | Kilogramm | Hutzucker |

## Zubereitung:

Man nimmt auf einen Wassereimer voll Pflaumen (5000 Gramm) 1 Liter Weinessig, eine viertel Flasche Rotwein, 10-20 Stück ganzen Carnehl, 10 Stück ganze Nelken, macht die Köpfe heraus und legt die Nelken in ein Säckchen aus Leinen und kocht sie darin. Dann noch 1000 Gramm Hutzucker zur Flüssigkeit dazu tun. Wenn der Essig kocht, legt man die Pflaumen hinein und nimmt sie sobald sie anfangen zu bersten wieder heraus und gießt den Essig darüber.

# Hagebutten

Hagebutten.

Hagebutten reibt man ab, macht die Kerne heraus, wäscht sie tüchtig in kaltem Wasser und kocht sie erst in kochendem Wasser einmal auf. Man nimmt auf 4½ u Hagebutten 5½ u Zucker, kocht den Zucker in Wasser und kocht die Frucht in dem Zuckersaft, bis sie gar ist, aber nicht zu weich. Nimmt die Frucht heraus und presst den Saft durch und füllt in Gläser.

## Zutaten:

| 2,25 | Kilogramm | Hagebutten |
|------|-----------|------------|
| 1,75 | Kilogramm | Zucker |

## Zubereitung:

Hagebutten reibt man ab, macht die Kerne heraus, wäscht sie tüchtig in kaltem Wasser und kocht sie erst einmal in kochendem Wasser einmal auf. Man nimmt auf 2,25 Kilogramm Hagebutten, 1,75 Kilogramm Zucker, klärt den Zucker in Wasser und kocht die Früchte in dem Zuckersaft bis sie gar sind, aber nicht zu weich.

Dann nimmt man die Frucht heraus und gießt den Saft drauf und füllt alles in Häfen.

# Sauerampfer

## Zutaten:

Sauerampfer

Ochsennierentalg

## Zubereitung:

Den Sauerampfer dämpft man im Bratofen mit wenig Wasser gar. Dann gießt man, wenn er gar ist und noch reichlich Wasser drauf ist, etwas davon ab. Nachdem alles gänzlich kalt ist, füllt man alles vorsichtig in einen braunen Steintopf und macht ausgebratenen Ochsennierentalg darauf. Beim Gebrauch nimmt man den Talg vorsichtig ab, holt eine Portion heraus und talgt wieder zu.

Apfelsaft.

12 n saftige Äpfel teilt man ungeschält in Viertel, schneidet das Kernhaus aus, gießt 3 Liter Wasser drauf und läßt sie zerkochen. Dann durch ein Tuch ablaufen lassen, mit Zucker aufkochen auf 1 Liter 1/4 n Zucker, 3/4 Stunde langsam kochen, abkühlen und in Flaschen füllen.

## Zutaten:

| | | |
|---|---|---|
| 6 | Kilogramm | Äpfel |
| 125 | Gramm | Zucker |
| 3 | Liter | Wasser |

## Zubereitung:

6 Kilogramm saftige Äpfel teilt man ungeschält in Viertel, schneidet das Kernhaus heraus, und gießt 3 Liter Wasser darauf und lässt sie zer-kochen.

Danach auf einem Tuch ablecken lassen und mit Zucker aufkochen. Auf 1 Liter 125 Gramm Zucker. Alles eine ¾ Stunde langsam kochen, abkühlen lassen und in Flaschen füllen.

# Senfgurken

Senfgurken

Gurken werden abgewaschen, abgetrocknet geschält und der Länge nach durchgeschnitten und mit einem silbernen Löffel das Innere entfernt. Nun werden sie eine Nacht eingesalzen, am anderen Morgen abgetrocknet und in Stücke geschnitten.

Nun mit folgenden Gewürzen wie Schalotten, Dill, Meerrettich, Senfkörner, ganze schwarze Pfeffer, ganze Nelken, die Büchse macht man zwei bis drei Schaber dick lagen weise in Glas oder Steintöpfe geben. Inzwischen hat man Weinessig aufgekocht abkühlen lassen und gießt ihn auf die Gurken und bindet zu.

## Zutaten:

Gurken

Schalotten

Dill

Meerrettich

Senfkörner

Schwarzer Pfeffer

Nelken

Lorbeerblätter

## Zubereitung:

Die Gurken werden abgewaschen, abgetrocknet, geschält und der Länge nach durchgeschnitten. Mit einem silbernen Löffel wird das Kernhaus entfernt. Nun werden sie eine Nacht eingesalzen und am anderen Morgen abgetrocknet und in Stücke geschnitten.

Nun mit folgenden Gewürzen wie Schalotten, Dill, Meerrettich, Senfkörner, ganzem schwarzen Pfeffer, ganze Nelken (die Köpfe macht man von den Nelken heraus), gemischtem Pfeffer und Lorbeerblätter in Glashäfen oder Steintöpfe getan.

Inzwischen hat man Weinessig aufgekocht, abkühlen lassen. Dann gießt man ihn auf die Gurken und bindet zu.

# Pfeffer- oder Essiggurken

Pfeffer oder Essiggurken

Ganz kleine fingerlange Gurken, bürstet
sie ab, legt sie 4 Stunden in Salzwasser,
trocknet sie ab, schichtet dann die Gurken
in Steintöpfe mit folgenden Gewürzen ...
..., Perlzwiebeln, Schalotten, Meerrettich, ... Essigkräuter u. Lorbeerblatt
abgekocht mit abgekühltem Weinessig
drauf hin. Nach 3 Tagen noch mal aufstehen. Dann noch einmal aufstehen
nach acht Tagen.

## Zutaten:

kleine Gurken

Perlzwiebeln

Schalotten

Meerrettich

Estragon

Salz

Pfefferkörner

Lorbeerblätter

Weinessig

## Zubereitung:

Ganz kleine fingerlange Gurken bürstet man ab, legt sie 4 Stunden in Salzwasser, trocknet sie ab, schichtet dann die Gurken in Steintöpfe mit folgenden Gewürzen:

Estragon, Perlzwiebeln, Schalotten, Meerrettich, etwas Salz, Pfefferkörner und Lorbeerblätter. Abgekochten und abgekühlten Weinessig darauf gießen.

Nach drei Tagen noch einmal aufkochen.

Nach einiger Zeit alles noch einmal aufkochen

# Kronsbeeren

Kronsbeeren mit Zucker einzumachen.
Die Beeren verlesen, waschen und abtropfen lassen. In 1/4 Liter Wasser etwas
1 x kurz Apfelscharten oder etwas weiß
kochen, Zucker hinzu tun und glasig kochen. Die Beeren hinein tun und 5.
Minuten durchkochen lassen. Man nich.
mt auf 1 x Apfel oder Beeren 2 - 3 x Beeren
und 7 1/2 x Zucker. Man kann
die Kronsbeeren nach 10 Minuten
mit kochendem Wasser abbrühen und
dann abgießen.

## Zutaten:

| 500 | Gramm | Äpfel oder Birnen |
|---|---|---|
| 750 | Gramm | Zucker |
| 1-1,5 | Kilogramm | Kronsbeeren |

## Zubereitung:

Kronsbeeren mit Zucker einmachen.

Die Beeren verlesen, waschen und abtropfen lassen. In 0,25 Liter Wasser etwa 500 Gramm dicke Apfelscheiben oder Birnen weichkochen. Zucker hinzutun und glasig kochen.

Die Beeren hineintun und 5 Minuten durchkochen lassen. Man nehme auf 500 Gramm Äpfel oder Birnen 1 bis 1,5 Kilogramm Kronsbeeren und 750 Gramm Zucker.

Man kann die Kronsbeeren auch 10 Minuten mit kochendem Wasser abbrühen und dann abgießen.

Quitten.

Quitten wischt man ab, schält sie, schneidet sie in Viertel und reibt ubraum die Schalen ab; setzt sie auch in Topf zum Ablochen. Dann thut man zu 5 ℔ Quitten 4½ ℔ Zucker in Wasser, giebt das Aus-gekochte der Schalen dazu und wenn es kocht, thut man die Quitten hinein, wenn man sie aber hinein thut, schürt man s feuer ganz stark und läßt die Zucker-lösung durch aufkochen, dann stellt man sie zurück, dammt sie klar wird, nimmt das feuer ab und läßt die Quitten hinein und läßt sie ungefähr eine Stunde kochen bis sie weich sind und eine schöne rote Farbe bekommen haben. Nimmt sie heraus, läßt den saft abkühlen und gießt ihn durch und belegt mit Papier in Glum und Pulizißschüren eingesetzt.

## Zutaten:

| | | |
|---|---|---|
| 2,5 | Kilogramm | Quitten |
| 2,25 | Kilogramm | Zucker |
| 2 | | Eiweiß |
| | | Rum |

## Zubereitung:

Die Quitten reibt man ab, schält sie, schneidet sie in Viertel und kocht alsdann die Schalen ab, tut sie auf ein Sieb zum Ablecken. Dann fügt man zu 2,5 Kilogramm Quitten ca. 2,25 Kilogramm Zucker in Wasser, gießt das Ausgekochte von den Schalen dazu und wenn es kocht, tut man die Quitten hinein. Bevor man sie aber hineintut, schlägt man 2 Eiweiß ganz steif und lässt die Zuckerlösung damit aufkochen.

Dann stellt man sie zurück damit sie klar wird, nimmt das Eiweiß ab und legt die Quitten hinein und lässt sie ungefähr eine Stunde kochen bis sie weich sind, und eine schöne rote Farbe bekommen haben. Nimmt sie heraus, lässt den Saft abkühlen und gießt ihn darauf und belegt mit Papier in Rum und Salizylsäure.

# KUCHEN UND TORTEN

- Heidesand
- Wandsbeker Speck
- Pflaumenkuchen
- Kakao Sandtorte
- Butterkuchen mit Kokosflocken
- Sandtorte mit Schokoladenüberzug
- Sandtorte
- Brotpudding
- Klöben
- Biskuittorte
- Apfelsinentorte
- Feiner Apfelkuchen
- Butterkuchen

- Mürbeteig für Obstkuchen
- Windbeutel
- Korinthenkuchen
- Käsetorte (Quarktorte)
- Geburtstagskuchen
- Gefüllte Geburtstagtorte
- Fastnachtskrapfen
- Äpfel im Mäntelchen
- Biskuitroulade
- Mocca Schokoladencremetorte
- Feiner Schokoladenkuchen
- Butterkremtorte
- Englischer Käse
- Barbarakuchen
- Mohrenkrone
- Kokosberge
- Apfeltorte
- Bienenstich in der Sprungform

# Heidesand

Kuchen u. Torten.

Heidesand: Zutaten 250 gr Butter, 250 gr
Zucker, 375 gr Mehl, 1 Paket Vanillinzucker
u. 1 Teelöffel Backpulver.

Zubereitung:
Die Butter wird leicht gebräunt, danach
gibt man alle anderen Zutaten hinzu,
formt kleine Kugeln u. setzt sie auf ein
gefettetes Blech, läßt sie auf dem Blech
eine Nacht aus kühlen u. backt die Kuchen dann bei schwacher Hitze hellbraun.

## Zutaten:

| | | |
|---|---|---|
| 250 | Gramm | Butter |
| 250 | Gramm | Zucker |
| 375 | Gramm | Mehl |
| 1 | Tüte | Vanillezucker |
| 1 | Teelöffel | Backpulver |

## Zubereitung:

Die Butter wird leicht gebräunt, danach gibt man alle anderen Zutaten hinzu, formt kleine Kugeln und setzt sie auf ein gefettetes Blech, lässt sie auf dem Blech eine Nacht auskühlen und backt die Kuchen dann bei schwacher Hitze hellbraun.

# Wandsbeker Speck

Wandsbeker Speck.

Zutaten: ½ ℔ Palmin, ½ ℔ Zucker,
2 ganze Eier, ⅛ Butter, ½ ℔ Kakao.
Zubereitung: Palmin flüssig machen,
aber nicht sehr heiß, dann Zucker, die
ganzen Eier und die ⅛ Butter dazu
hinein alles zu einer glatten Masse
verrühren. Nun tut man in eine
Kuchenform (Kastenform) ein Blatt

Pergamentpapier, tut von der Masse
einen hinein, darauf Kakao, wieder
Schokoladenmasse und dann wieder
Kakao bis alles alle ist. Oben auch ein
der von der Masse und eine Nacht
stehen lassen.

## Zutaten:

| | | |
|---|---|---|
| 250 | Gramm | Palmin |
| 250 | Gramm | Zucker |
| 2 | | Eier |
| 70 | Gramm | Kakao |
| 250 | Gramm | Butterkekse (Leibnitz) |

## Zubereitung:

Palmin flüssig machen, aber nicht zu heiß, dann Zucker, die ganzen Eier und die 60 Gramm Kakao dazutun und alles zu einer glatten Masse verrühren.

Nun legt man in eine Kuchenform (Kastenform) ein Stück Pergamentpapier, tut von der Masse unten hinein, darauf Kekse, wieder Schokoladenmasse und dann wieder Kekse bis alles verarbeitet ist. Obendrauf wieder von der Masse streichen und eine Nacht stehen lassen.

# Pflaumenkuchen

Pflaumenkuchen.

250 gr Margarine, 275 gr Zucker, 4 Eigelb 200 gr Mehl, 75 gr Maizena 1 1/2 gestrichene Teelöffel Backpulver, 1 Päckchen Vanillenzucker, 4 Eiweiß zu Schnee schlagen, 1 kg Pflaumen und Zucker zum Bestreuen.

Aus den angegebenen Zutaten einen Rührteig herstellen, das geschlagene Eiweiß zuletzt unterrühren und den Teig auf ein gefettetes Blech streichen und darauf, mit Steinen halbierte Pflaumen legen. Bei guter Mittelhitze ungefähr 45 Minuten gebacken, noch warm mit Zucker bestreuen und warm verteilt in Stücke schneiden.

# Zutaten:

| | | |
|---|---|---|
| 250 | Gramm | Margarine |
| 275 | Gramm | Zucker |
| 4 | | Eigelb |
| 200 | Gramm | Mehl |
| 75 | Gramm | Maizena |
| 1 ½ | gestrichene Teelöffel | Backpulver |
| 1 | Tüte | Vanillezucker |
| 4 | Eiweiß | zu Schnee schlagen |
| 1 | Kilogramm | Pflaumen |
| | | Zucker zum Bestreuen |

# Zubereitung:

Aus den angegebenen Zutaten einen Rührteig herstellen, das geschlagene Eiweiß zuletzt unterrühren und den Teil auf ein gefettetes Blech streichen und darauf entsteinte halbierte Pflaumen legen. Bei guter Mittelhitze ungefähr 45 Minuten gar backen, noch warm mit Zucker bestreuen und wenn der Kuchen erkaltet ist in Stücke schneiden.

# Kakao Sandtorte

Kakao Sandtorte.

Zutaten: 250 gr Butter 250 gr Zucker 100 gr Weizenmehl u. 100 gr Maizena oder Weizenmehl, 4 Eier, 1 Teelöffel Backpulver, ein Paket Vanillezucker u. 50 gr Kakao.

Zubereitung.

Die Butter zur Sahne rühren, dann gibt man abwechselnd, den ganzen Eier, Zucker, das Mehl mit Backpulver ... und Maizena vermischt hinzu und den Vanillezucker, 15 Minuten rühren und zuletzt den Kakao untermischen, dann in eine gefettete Springform tun und bei mittlerer Hitze eine gute Stunde backen.

## Zutaten:

| | | |
|---|---|---|
| 250 | Gramm | Butter |
| 250 | Gramm | Zucker |
| 100 | Gramm | Weizenmehl |
| 100 | Gramm | Maizena oder Weizenin |
| 4 | | Eier |
| 1 | Teelöffel | Backpulver |
| 1 | Tüte | Vanillezucker |
| 50 | Gramm | Kakao |

## Zubereitung:

Die Butter zur Sahne rühren, dann gibt man abwechselnd die ganzen Eier, Zucker, das Mehl mit Backpulver und Weizenin vermischt hinzu und den Vanillezucker. 15 Minuten rühren und zuletzt den Kakao unterrühren. Dann in eine gefettete Springform tun und bei mittlerer Hitze eine gute Stunde backen.

# Butterkuchen mit Kokosflocken

Butterkuchen m. Kokosflocken

Zutaten: 1/2 n Butter, 1/2 n Zucker,
4 Eier, 400 gr Mehl etwas Milch,
8 Pakete Vanillenzucker 3/4 Paket
Backpulver n 1/2 n Kokosflocken.

Zubereitung: Die Butter zur Sahne
rühren, den Zucker u die 4 Eigelb
abwechselnd unterrühren, dann das
Mehl hinzu tun und soviel Milch wie
nötig ist, dann den Vanillenzucker und Backpulver hinzu tun.
Das Eiweiß wird geschlagen und
die Kokosflocken unter das Eiweiß
rühren, den Teig auf eine Platte
streichen, die Kokosflocken darauf
tun und mit etwas Zucker bestreuen und bei mittlerer Hitze
eine Stunde backen.

## Zutaten:

| | | |
|---|---|---|
| 250 | Gramm | Butter |
| 250 | Gramm | Zucker |
| 4 | | Eier |
| 400 | Gramm | Mehl |
| | etwas | Milch |
| 2 | Tüten | Vanillezucker |
| ¾ | Packung | Backpulver |
| 250 | Gramm | Kokosflocken |

## Zubereitung:

Die Butter zur Sahne rühren, den Zucker und die 4 Eigelb abwechselnd unterrühren, dann das Mehl hinzu tun und so viel Milch wie nötig ist, dann den Vanillezucker und das Backpulver hinzu tun.

Das Eiweiß wird geschlagen und die Kokosflocken unter das Eiweiß rühren, den Teig auf eine Platte streichen, die Kokosflocken darauf tun und mit etwas Zucker bestreuen und bei mittlerer Hitze eine Stunde backen.

# Sandtorte mit Schokoladenüberzug

*[Handschriftlicher Text, teilweise unleserlich:]*

Sandtorte mit Schokoladenüberzug

Zutaten: 250 gr Butter, 250 gr Zucker, 150 gr Mehl, 100 gr Maizena, etwas Salz, etwas Vanillenzucker u etwas Zitrone, 4 Eßlöffel Rum, 4 Eier u 1 Teelöffel Backpulver: Zum Guß 150 gr Staubzucker, 25 gr Butter, 4 Eß (Waffen löffel)

und 35 gr reines Kokosfett:

# Zutaten:

| | | |
|---|---|---|
| 250 | Gramm | Butter |
| 250 | Gramm | Zucker |
| 150 | Gramm | Mehl |
| 100 | Gramm | Weizenin |
| | Etwas | Salz |
| | Etwas | Vanillezucker |
| | Etwas | Zitrone |
| 2 | Esslöffel | Rum |
| 4 | | Eier |
| 1 | Teelöffel | Backpulver |

## Zum Guss:

| | | |
|---|---|---|
| 150 | Gramm | Puderzucker |
| 25 | Gramm | Kakao |
| 2 | Esslöffel | Wasser |
| 35 | Gramm | reines Kokosfett |

Zubereitung:

Butter schaumig rühren, die ge-
schwefelten Eidotter hinzufügen, abwechselnd im Ganzen
Eier und das mit Stärkemehl und
Backpulver gemischte Mehl ein-
rühren und schaumig schlagen. In vorbereitete Form füllen
und bei mittlerer Hitze backen.

Guß:
Zucker u. Butter rühren, mit heißem
Wasser zu einem dicklichen Brei
anrühren (ungefähr 3 Eßlöffel)
zerlassenes Kochsalz hinzufügen
u. über den kalten Kuchen streichen und mit Butter und       (über
streichen und mit Fingernägel
anlegen.

## Zubereitung:

Butter schaumig rühren, die geschmackgebenden Zutaten hinzufügen und den Zucker. Abwechselnd die ganzen Eier und das mit Stärkemehl und Backpulver gemischte Mehl unterrühren und schaumig schlagen. In vorbereitete Form füllen und bei mittlerer Hitze backen.

## Guss:

Zucker und Kakao sieben, mit heißem Wasser zu einem dicklichen Brei verrühren (ungefähr 3 Esslöffel). Zerlassenes Kokosfett hinzufügen und über den kalten Kuchen streichen.

Die Form vorher mit Butter ausstreichen und mit Pergamentpapier auslegen.

# Sandtorte

Sandtorte.

Zutaten: 250 gr Zucker, 250 gr Butter,
250 gr Weizenmehl, 4 Eier, 1 Prise Salz
recht cremig schlagen geben, 1–2 EBlöffel
Rum, 2–3 Eßlöffel Mehl und ½ Teelöffel Backpulver und 6 Vanillezucker
Butter und Margarine zur Sahne
rühren, dann abwechselnd, 1 Ei
Zucker und Margarine mit Mehl
und Backpulver vermischt hinzu
tun und zuletzt geschmackvoll
die Zutaten. Die Eier müssen ganz
... den Teig geben muss und den
Teig 30 Minuten ... nach
... den Teig in eine
gut gefettete Form füllen, die
mit ... ... wenige
...
... sitzen lassen zirka 50 Minuten.

## Zutaten:

| | | |
|---|---|---|
| 250 | Gramm | Zucker |
| 250 | Gramm | Butter |
| 250 | Gramm | Weizenin |
| 4 | | Eier |
| 1 | Prise | Salz |
| | | Saft einer halben Zitrone |
| 1-2 | Esslöffel | Rum |
| 2-3 | Esslöffel | Mehl |
| ½ | Teelöffel | Backpulver |
| 1 | Tüte | Vanillezucker |

## Zubereitung:

Butter oder Margarine zur Sahne rühren, dann abwechselnd 1 Ei, Zucker und Weizenin mit Mehl und Backpulver vermischt hinzutun und zuletzt geschmacksgebende Zutaten. Die Eier müssen ganz an den Teig getan werden. Den Teig 30 Minuten immer nach rechts rühren. Den Teig in eine gut gefettete Form füllen, die mit Pergamentpapier ausgelegt ist und sofort bei mittlerer Hitze backen, ca. 80 Minuten.

# Brotpudding

Brotpudding.

Zutaten: 6 alte Brötchen, 4 ganze
Eier, 200 gr Zucker, etwas Cardamom,
1 abgeriebene Zitrone, 1/4 Rosinen
1/4 Butter oder Schmalz, 200 gr Mehl
u 1 Paket Backpulver.

Die Brötchen weicht man ein,
drückt fest und rührt an und fein
zerkleinern, alle Zutaten hinzutun und in eine gut ge-
fettete und mit Zwieback aus
gestreute Puddingform füllen
und 2 Stunden im Wasserbad
kochen.

## Zutaten:

| | | |
|---|---|---|
| 6 | alte | Rundstücke (Brötchen) |
| 3-4 | Ganze | Eier |
| 200 | Gramm | Zucker |
| | etwas | Kardamon |
| 1 | abgeriebene | Zitrone |
| 125 | Gramm | Rosinen |
| 125 | Gramm | Butter oder Schmalz |
| 200 | Gramm | Mehl |
| 1 | Paket | Backpulver |

## Zubereitung:

Die Rundstücke weicht man ein, dann fest ausdrücken und fein zerkleinern, alle Zutaten hinzutun und in eine gut gefettete und mit Zwieback ausgestreute Puddingform füllen und 2 Stunden im Wasserbad kochen.

# Klöben

Klöben.

3 x Mehl, 3/8 Butter oder Schmalz
500 gr Zucker, 1/4 Liter, 1 Zitrone
1/2 Liter Cardamom, ... Rosinen
100 gr ..., ... 1/2 Liter Milch
und Mehl zum Ausrollen.

Das Mehl tut man in eine
ziemlich große Schüssel, dann den
Zucker, die klein geschnittene
Butter, die abgeriebene Zitrone,
die gewaschenen Rosinen, den
Cardamom und die zerdrückten
Hefe braucht ein. Nun macht
man in einem Teig das soll
flüssig, gießt etwas die Milch,
wenn sie lauwarm ist, gießt
man zu etwas das Mehl mit
etwas Butter ... ...
und knetet ordentlich, bis der
Teig nicht mehr an den Händen
klebt, sonst tut man noch Mehl
hinzu, damit der Teig auch nicht
mehr an den Händen kleben.
Man kann ihn zum Bäcker
bringen, oder backt im eigenen
Ofen, ungefähr 1 1/2 Stunden.

## Zutaten:

| | | |
|---|---|---|
| 1500 | Gramm | Mehl |
| 190 | Gramm | Butter oder Schmalz |
| 300 | Gramm | Zucker |
| 125 | Gramm | Sukkade |
| 1 | | Zitrone |
| ½ | Tüte | Kardamon |
| 500 | Gramm | Rosinen |
| 100 | Gramm | Hefe |
| ½ | Liter | Milch (gut bemessen) |
| | | Mehl zum Auskneten |

## Zubereitung:

Das Mehl tut man in eine ziemlich große Schüssel, dann den Zucker, die kleine geschnittene Sukkade, die abgeriebene Zitrone, die gewaschenen Rosinen, den Kardamom und die zerbröckelte Hefe drauf tun. Nun macht man in einem Topf das Fett flüssig und gießt darauf die Milch, wenn sie lauwarm ist. Man gießt die Milch über das Mehl und rührt den Klöben damit an und knetet ordentlich bis der Teig nicht mehr an den Händen klebt. Sonst tut man noch Mehl hinzu, denn der Teig darf nicht mehr an den Händen kleben.

Man kann ihn zum Bäcker bringen, oder backt im eigenen Ofen so ungefähr 1 ½ Stunden.

# Biskuittorte

Biskuittorte.

Zutaten: 3 - 4 Eier, je Ei am [...] warmem Wasser, 150 gr Zucker, 1 Paket Vanillenzucker, [...] Mehl, [...] Maizena ein [...] gestrichenen Teelöffel [...].

Zubereitung: Man schlägt Eigelb [...] Butter schaumig [...] gibt nach und nach 2/3 des Zuckers mit dem Vanillenzucker dazu und schlägt solange, bis eine [...] Masse entstanden ist. [...] steifen Schnee geschlagen, man [...] nach und nach den Rest des [...] hinzu. Den Schnee muß [...] [...] ein [...] mit dem Messer [...] blieb, [...] die [...] Creme gegeben, [...] schüttet man [...] mit Maizena [...] Teelöffel gemischte Mehl, man [...] alles vorsichtig [...] und füllt den Teig in eine mit [...] ausgelegte Spring- form, sofort backen, [...] mit 35 m. bei Mittelhitze, dann füllen [...] [...] [...] den [...] [...] Tag vorher geben [...]

152

## Zutaten:

| | | |
|---|---|---|
| 3-4 | | Eier |
| 1 | Esslöffel | warmes Wasser je Ei |
| 150 | Gramm | Zucker |
| 1 | Tüte | Vanillezucker |
| 100 | Gramm | Mehl |
| 100 | Gramm | Maizena |
| 3 | gestrichene Teelöffel | Backpulver |

## Zubereitung:

Man schlägt Eigelb und Wasser schaumig und gibt nach und nach ⅔ des Zuckers und den Vanillezucker dazu und schlägt so lange, bis eine cremeartige Masse entstanden ist. Das Eiweiß wird zu steifem Schnee geschlagen, man gibt nach und nach den Rest des Zuckers hinzu. Der Schnee muss so fest sein, dass ein Schnitt mit dem Messer sichtbar bleibt. Er wird auf die Eigelb-Creme gegeben, darüber schüttet man das mit Maizena und Backpulver gemischte Mehl. Man zieht alles vorsichtig unter den Teig, nicht rühren!!

Dann füllt man den Teig in eine mit Pergamentpapier ausgelegte Springform, sofort backen. Backzeit 35 Minuten bei Mittelhitze. Dann füllen und garnieren.

Der Boden wird am besten schon einen Tag vorher gebacken.

# Apfelsinentorte

Apfelsinentorte.

Der Teig, wie Biskuittorte.

Die Apfelsinen Buttercreme

[handschriftlicher Text, teilweise unleserlich]

… 25 gr Maizena
150 gr Zucker.

Man kocht 3/8 Liter Milch mit dem
Zucker und Maizena …, dann
nimmt man vom Feuer und mischt
den Apfelsinensaft dran, unter
fortwährendem Rühren bis es kalt
ist, läßt abkühlen aber nicht ganz
kalt, immer mal umrühren, damit
es keine Haut gibt. Die Butter rührt
man zur Sahne 200-250 gr und
gibt den Teelöffel …
dazu, man muß doch erst
die Butter nach …

## Zutaten:

*(Der Teig wie die Biskuittorte)*

**Apfelsinen Buttercreme:**

| | | |
|---|---|---|
| ⅜ | Liter | Milch |
| 1 | Tüte | Vanille Puddingpulver |
| 1 | | Zitrone |
| | Oder | |
| 2-3 | | ausgepresste Apfelsinen |
| 25 | Gramm | Maizena |
| 150 | Gramm | Zucker |
| 200-250 | Gramm | Sahne |
| 1 | Paket | Mandeln in Scheiben |

## Zubereitung:

Man kocht ⅜ Liter Milch mit dem Zucker und Maizena und dem Puddingpulver auf. Dann nimmt man alles vom Feuer und rührt den Apfelsinensaft dran. Unter ständigem Rühren noch mal aufkochen bis es glatt ist. Man lässt es abkühlen, aber nicht ganz kalt, immer man umrühren, damit es keine Haut setzt.

Die Butter rührt man zur Sahne (200-250 g) und gibt den Pudding Esslöffelweise dazu. Man muss darauf achten, dass weder Butter noch Pudding zu kalt ist, da sonst die sogenannte Gerinnung eintritt.

Der Tortenboden wird 2x durchgeschnitten, auf dem ersten Teil tut man eine Marmelade und Buttercreme, auf den zweiten Teil die Hälfte von der Buttercreme die noch nach ist, setzt alle Teile aufeinander und bestreicht die Oberfläche auch mit der Buttercreme und auch den Rand, den man auch noch verziert mit in Scheiben geschnittene Mandeln, die vorher in etwas Butter und etwas Zucker hellbraun in der Pfanne geröstet sind. Nun belegt man die Oberfläche von der Torte mit Apfelsinenspalten oder Mandarinenspalten, die in einem hübschen Muster draufgelegt sind.

Die Torte ist wunderbar.

# Feiner Apfelkuchen

Feiner Apfelkuchen.

Zutaten: 1/4 Butter, 1/4 Zucker, 3 Eier
200 gr. Mehl, 1 Päckchen Backpulver,
1/8 - 1/4 Liter Milch und 1½ kg geschälte Äpfel.

Zubereitung: Butter und Zucker
rührt man schaumig und fügt
nach u. nach die Eier, dazu mit
dem Backin gemischte Mehl und
etwas Milch hinzu, daß man einen glatten Teig bekommt. Zuletzt rührt man den leichten
unter den Teig und füllt in
eine gefettete Springform, hierauf
belegt man den Teig mit den geschälten und in Scheiben geschnittenen Äpfeln, bestreut mit
Zucker und backt bei Mittelhitze
ungefähr eine Stunde und mit
Schlagsahne servieren.

## Zutaten:

| | | |
|---|---|---|
| 125 | Gramm | Butter |
| 125 | Gramm | Zucker |
| 3 | | Eier |
| 200 | Gramm | Mehl |
| | | Schlagsahne |
| 1 | Tüte | Backpulver |
| ¼-½ | Liter | Milch |
| 750 | Gramm | geschälte Äpfel |

## Zubereitung:

Butter und Zucker rührt man schaumig und fügt nach und nach das Eigelb, das mit dem Backin gemischte Mehl und so viel Milch hinzu, dass man einen glatten Teig bekommt. Zuletzt rührt man den Eischnee unter den Teig und füllt in eine gefettete Springform, hierauf belegt man den Teig mit den geschälten und in Scheiben geschnittenen Äpfeln, bestreut mit Zucker und backt bei Mittelhitze ungefähr eine Stunde. Dann mit Schlagsahne servieren.

# Butterkuchen (sehr schön)

X S Butterkuchen (sehr schön)
250 gr Butter 250 gr Zucker, 4 Eier,
400 gr Mehl ¾ Päckchen Bakin, 100 gr
Rosinen, 100 gr Korinthen, etwas Salz
etwas Milch und ein Paket Vanillen
zucker. Zum Bestreuen 100 gr ge=
hackte Mandeln u Zucker:
Die Butter rührt man zur Sahne
fügt Zucker, Eier, Salz, den Vanillen
zucker, das mit Bakin gemischte
Mehl hinzu u zuletzt die Korinthen
und Rosinen, man gibt soviel
Milch hinzu, bis man einen
glatten Teig bekommt, streicht

auf ein Backblech, mit Ei be=
pinseln, mit den gehakten Man=
deln u mit Zucker bestreuen und
zuletzt mit Butterflöckchen be=
legen und im Ofen eine gute
halbe Stunde bei mittlerer Hitze
gebacken.
                              sehr schön

## Zutaten:

| | | |
|---|---|---|
| 250 | Gramm | Butter |
| 250 | Gramm | Zucker |
| 4 | | Eier |
| 400 | Gramm | Mehl |
| 3/4 | Tüte | Backpulver (Bakin) |
| 100 | Gramm | Rosinen |
| 100 | Gramm | Korinthen |
| | etwas | Salz |
| | etwas | Milch |
| 1 | Tüte | Vanillezucker |
| 100 | Gramm | Gehackte Mandeln zum Bestreuen |
| | etwas | Zucker zum Bestreuen |

## Zubereitung:

Die Butter rührt man zur Sahne, fügt Zucker, Eier, Salz, Vanillezucker und das mit Backin gemischte Mehl hinzu und zuletzt die Korinthen und Rosinen. Man gibt so viel Milch hinzu, bis man einen glatten Teig bekommt, streicht ihn auf ein Backblech, mit Ei bepinseln, mit den gehackten Mandeln und mit Zucker bestreuen und zuletzt mit Butterflöckchen belegen und im Ofen eine gute halbe Stunde bei mittlerer Hitze backen.

# Mürbeteig für Obstkuchen

Mürbeteig für Obstkuchen.
Zutaten: 1/2 ℔ Butter 3 Eier, 150 gr.
Zucker, 1 Päckchen Bakin, 500 gr.
Mehl u. 2 ℔ Äpfel ı Schlagsahne.
Eier und Zucker werden mit einem
Teil des mit Bakin vermischten
Mehles verrührt, dann arbeitet man
die kalt gestellte und in Stückchen
zerpflückte Butter mit dem Rest
des Mehles unter die Masse und
fügt nötigenfalls soviel Mehl hinzu, daß der Teig nicht mehr an
den Händen klebt. Nun nimmt

man die Hälfte von dem Teig und
drückt ihn mit den Händen (gleichmäßig)(auf
ein mit Butter bestrichenes Backblech, schneidet die Äpfel in dünne Scheiben und verteilt sie auf
den Teig, streut Zucker drüber
aber nicht viel, macht von der
anderen Hälfte eine Decke über
die Äpfel und backt den Kuchen
hellbraun. Wenn der Kuchen noch
heiß ist, macht man einen Zucker-
guß darüber hinten im Buch )

## Zutaten:

| 250 | Gramm | Butter |
|------|-------|--------|
| 3 | | Eier |
| 150 | Gramm | Zucker |
| 1 | Tüte | Backin |
| 500 | Gramm | Mehl |
| 1000 | Gramm | Äpfel |

## Zubereitung:

Schlagsahne, Eier und Zucker werden mit einem Teil des mit Backin vermischten Mehles verrührt, dann arbeitet man die kalt gestellte und in Stückchen zerpflückte Butter mit dem Rest des Mehles unter die Masse und fügt nötigenfalls so viel Mehl hinzu, dass der Teig nicht mehr an den Händen klebt.

Nun nimmt man die Hälfte von dem Teig und drückt ihn mit den Händen gleichmäßig auf ein mit Butter bestrichenes Backblech, schneidet die Äpfel in dünne Scheiben und verteilt sie auf den Teig, streut Zucker drüber, aber nicht so viel, dann macht man von der anderen Hälfte eine Decke über die Äpfel und backt den Kuchen hellbraun. Wenn der Kuchen noch heiß ist, macht man einen Zuckerguss darüber.

# Windbeutel

Windbeutel.

Zutaten: 125 gr durchgesiebtes Mehl, 1 Teelöffel Backpulver 1/4 Liter Wasser 125 gr Butter, 3 Eier, 1 Eßlöffel Zucker und einen Teelöffel Vanillenzucker.

Zubereitung:

Wasser und Butter bringe man

zum Kochen, streue unter Rühren das Mehl hinein und rühre solange bis sich die Masse vom Topfe löst. Nachdem es etwas abgekühlt ist, schlägt man nach und nach die Eier hinein und gibt dann Zucker, Vanillenzucker und Backpulver hinzu. Dann setzt man mit einem Teelöffel kleine Bällchen auf ein mit Mehl bestäubtes Backblech und backt bei mäßiger Hitze goldgelb. Man läßt die Windbeutel im Ofen abkühlen, da sie sonst zusammen fallen, nachher schneidet man die Deckel ab und füllt mit Schlagsahne, die man vorher, wenn sie nicht gesüßt ist mit etwas Zucker süßt, man kann sie auch mit Vanillenkrem füllen.

## Zutaten:

| | | |
|---|---|---|
| 125 | Gramm | Butter |
| 125 | Gramm | durchgesiebtes Mehl |
| 1 | Teelöffel | Backpulver |
| ¼ | Liter | Wasser |
| 3 | | Eier |
| 1 | Esslöffel | Zucker |
| 1 | Teelöffel | Vanillezucker |
| | | Schlagsahne |

## Zubereitung:

Wasser und Butter bringe man zum Kochen, streue unter Rühren das Mehl hinein und rühre so lange, bis sich die Masse vom Topfe löst. Nachdem es etwas abgekühlt ist, schlägt man nach und nach die Eier hinein und gibt dann den Zucker, Vanillezucker und Backpulver hinzu. Dann setzt man mit einem Teelöffel kleine Bällchen auf ein mit Mehl bestäubtes Backblech und backt bei mäßiger Hitze goldgelb. Man lässt die Windbeutel im Ofenabkühlen, da sie sonst zusammenfallen. Nachher schneidet man die Deckel ab und füllt sie mit Schlagsahne, die man vorher, wenn sie nicht gesüßt ist, mit etwas Zucker nach süßt. Man kann sie auch mit Vanillecreme füllen.

# Korinthen Kuchen

Korinthen Kuchen. (sehr schön
Zutaten:
½ x Butter ½ x Zucker 400 gr Mehl
5 Eier 3/4 Paket Backpulver, ½ x
Korinthen, ½ x Staubzucker, eventuell
1 Zitrone.
Zubereitung: Butter, Zucker und
Eigelb verrühren, dann Mehl und
Backpulver hinzutun, den Teig
auf eine Platte streichen. Nun das
Eiweiß zu steifem Schnee schlagen, die gewaschenen Korinthen
fest ausdrücken und unter
dem Eischnee verrühren, dann
auf dem Teig streichen. Wenn
der Kuchen fertig und noch warm ist, rührt
man den Puderzucker mit Zitronensaft oder mit einigen Löffeln
heißem Wasser an, je nach Geschmack und streicht auf den fertigen Kuchen. In mäßiger Hitze
backen.

## Zutaten:

| | | |
|---|---|---|
| 250 | Gramm | Butter |
| 250 | Gramm | Zucker |
| 400 | Gramm | Mehl |
| 5 | | Eier |
| ¾ | Tüte | Backpulver |
| 250 | Gramm | Korinthen |
| 250 | Gramm | Puderzucker |
| 1 | | Zitrone |

## Zubereitung:

Butter, Zucker und Eigelb verrühren, dann Mehl und Backpulver hinzu tun. Den Teig auf eine Platte streichen. Nun das Eiweiß zu steifem Schnee schlagen, die gewaschenen Korinthen fest ausdrücken und unter dem Eischnee verrühren, dann auf den Teig streichen. Wenn der Kuchen fertig und noch warm ist, rührt man den Puderzucker mit Zitronensaft oder mit einigen Löffeln heißem Wasser an, je nach Geschmack, und streicht alles auf den fertigen Kuchen. Bei mäßiger Hitze backen.

# Käsetorte (Quarktorte)

Käsetorte (Quarktorte)

Zutaten zum Boden:

62 gr Butter 1 Ei, 150 gr Mehl, 50
gr Zucker, Schale 1 Zitrone, 2 Teelöffel
Backpulver.

Die Füllung: 1 n Sahnequark, 1-2
Eßlöffel Mirenpuder, etwas Salz,
Zucker nach Geschmack, 1/8 sauren
Rahm, 2 Eier, 1 Paket Vanillenzucker u 1/8 Korinthen.

# Zutaten:

## Zum Boden

| 62 | Gramm | Butter |
|---|---|---|
| 1 | | Ei |
| 150 | Gramm | Mehl |
| 50-60 | Gramm | Zucker |
| 1 | | Zitrone (nur die Schale) |
| 2 | Teelöffel | Backpulver |

## Zur Füllung

| 500 | Gramm | Sahnequark |
|---|---|---|
| 1-2 | Esslöffel | Weizenpuder |
| | Etwas | Salz |
| ⅛ | Liter | sauren Rahm |
| 2 | | Eier |
| 1 | Tüte | Vanillezucker |
| 70 | Gramm | Korinthen |

Zubereitung:

Die Zutaten für den Boden werden verknetet wie beim Mürbeteig. Dann belegt man den Boden einer Springform mit dem Teig und macht nun die Quarkmasse fertig. Der Quark wird nun mit dem Rahm, Zucker u. Vanillenzucker, den Eidottern, Zitronenschale, Salz u. Korinthen glattgerührt

und zuletzt das steifgeschlagene Eiweiß darunter gegeben. Die Quarkmasse wird nun auf den Teig getan und die Torte schön goldgelb bei mäßiger Hitze gebacken.

## Zubereitung:

Die Zutaten für den Boden werden verknetet wie beim Mürbeteig. Dann belegt man den Boden einer Springform mit dem Teig und macht nun die Quarkmasse fertig. Der Quark wird nun mit dem Rahm, Zucker und Vanillezucker, den Eidottern, Weizenpuder, Salz und Korinthen glatt gerührt und zuletzt das steifgeschlagene Eiweiß darunter gegeben. Die Quarkmasse wird nun auf den Teig getan und die Torte schön goldgelb bei mäßiger Hitze gebacken.

# Geburtstagskuchen

+ Geburtstagskuchen ✗

Zutaten: 1/2 ℔ Margarine, 1/2 ℔ Zucker
5 Eier, 1 Paket Vanillenzucker, ein
kleines Glas Zitrone, 2 Eßlöffel Rum
1/2 ℔ Weizenin, 1/2 ℔ Mehl, 3/4 Paket
Backpulver, 100 gr Rosinen, 50 gr Ko

Margarine und Zucker schaumig
rühren, nach u nach die ganzen
Eier darinter rühren, Vanillenzucker, die Zitrone und Rum dazugeben, und das mit Backpulver vermischte Mehl u Weizenin
allmählich darinter rühren, Zuletzt

Rosinen, Korinthen, die gehakten
Mandeln u die gewürfelte Schkade
darinter rühren. Den Teig in eine
gut gefettete Springform füllen
und bei mäßiger Hitze eine
gute Stunde backen. Den ausder
Form gestürzten Kuchen mit Pu
derzucker bestreuen und kühl
aufbewahren

## Zutaten:

| | | |
|---|---|---|
| 250 | Gramm | Margarine |
| 250 | Gramm | Zucker und etwas Puderzucker |
| 5 | | Eier |
| 1 | Tüte | Vanillezucker |
| 1 | kleines Glas | Zitrone |
| 2 | Esslöffel | Rum |
| 250 | Gramm | Weizenin |
| 250 | Gramm | Mehl |
| ¾ | Tüte | Backpulver |
| 100 | Gramm | Rosinen |
| 50 | Gramm | Sukkade (in kleine Würfel geschnitten) |
| 50 | Gramm | Korinthen |
| 50 | Gramm | gehackte Mandeln |

## Zubereitung:

Margarine und Zucker schaumig schlagen, nach und nach die ganzen Eier darunter rühren, Vanillezucker, die Zitrone und Rum dazugeben, und das mit Backpulver vermischte Mehl und Weizenin allmählich darunter rühren. Zuletzt Rosinen, Korinthen, die gehackten Mandeln und die gewürfelte Sukkade darunter rühren. Den Teig in eine gut gefettete Springform füllen und bei mäßiger Hitze backen. Den aus der Form gestürzten Kuchen mit Puderzucker bestreuen und kühl aufbewahren.

Gefüllte Geburtstagstorte.
Zum Tortenboden: 3 - 4 Eier getrennt,
4 - 6 Eßlöffel warmes Wasser, 130 gr
Zucker, 1 Päckchen Vanillenzucker
180 gr Mehl u 1/2 Paket Vanillenpud
dingpulver 3 gestrichene Teelöffel
Backpulver.


Zur Crem:
1/4 Liter Milch, 20 - 25 gr Vanillen
puddingpulver 25 gr Zucker eine
Prise Salz. Die Crem läßt sich

# Zutaten:

## Zum Tortenboden:

| | | |
|---|---|---|
| 3-4 | getrennte | Eier |
| 4-6 | Esslöffel | warmes Wasser |
| 130 | Gramm | Zucker |
| 1 | Tüte | Vanillezucker |
| 180 | Gramm | Mehl |
| ½ | Tüte | Vanille Puddingpulver |
| 3 | gestrichene Teelöffel | Backpulver |

## Zur Creme:

| | | |
|---|---|---|
| ¼ | Liter | Milch |
| 20-25 | Gramm | Vanille Puddingpulver |
| 25 | Gramm | Zucker |
| 1 | Prise | Salz |
| 100-125 | Gramm | Butter |

*Die Creme lässt sich noch verbessern, wenn man 100-125 Gramm Butter zur Sahne rührt und die Creme löffelweise darunter rührt. Die Creme muss natürlich kalt sein, aber nicht eisig kalt.*

Zum Guß:

150 – 200 gr Staubzucker mit einigen Eßlöffel heißem Wasser verrühren, und auf den Kuchen tun und mit Schokoladenplättchen verzieren.

Das Eigelb wird mit dem Wasser zu starkem Schaum geschlagen dann mit dem Zucker 3/4 davon und Vanillenzucker gemischt, und solange geschlagen, bis eine kremartige Masse entstanden ist, das Eiweiß wird zu steifem Schnee geschlagen, der Rest des Zuckers hinzu tun und auf die Eigelbmasse gegeben, man siebt das

## Zutaten:

### Zum Guss:

| 150-200 | Gramm | Puderzucker |
|---|---|---|

Den Puderzucker mit einigen Esslöffeln heißem Wasser verrühren und auf den Kuchen tun und mit Schokoladenplättchen verzieren.

Das Eigelb wird mit dem Wasser zu starkem Schaum geschlagen, dann mit dem Zucker (¾ davon) und Vanillezucker gemischt und so lange geschlagen, bis eine cremeartige Masse entstanden ist. Das Eiweiß wird zu steifem Schnee geschlagen, den Rest des Zuckers hinzutun und auf die Eigelbmasse geben. Man siebt das mit Backpulver gemischte Mehl darüber und unterzieht vorsichtig alles. Nicht rühren. Der Teig wird sofort in eine mit Pergamentpapier ausgelegte Springform gegeben und bei mäßiger Flamme 35 - 40 Minuten gebacken. Nach dem Abkühlen füllt man einmal mit Marmelade und einmal mit Vanillecreme. Man schneidet den Tortenboden zweimal durch. Die Unterseite verwendet man als Oberseite, überzieht sie mit dem dicklichen Zuckerguss und verziert mit den Schokoladenplättchen.

mit Backpulver gemischte Mehl darüber und unterzieht vorsichtig alles, nicht rühren. Der Teig wird sofort in eine mit Pergamentpapier ausgelegte Springform gegeben und bei mäßiger Flamme 35-40 M. gebacken. Nach dem Abkühlen füllt man einmal mit Marmelade u einmal mit Vanillenkrem. Man schneidet den Tortenboden 2 x durch. Die Unterseite verwendet man als Oberseite, überzieht sie mit dem dicklichem Kuchenguß und verziert mit den Schokoladenplättchen.

# Fastnachtskrapfen

(125) Fastnachtskrapfen.

Zutaten gr Butter, 100 gr Zucker,
4 Eier, 500 gr Mehl, 1 Paket Backpulver. Zum Backen nimmt man

Schmalz oder Palmin, letzteres ist
besser.

Zubereitung; Die Butter rührt man
schaumig, gibt Zucker, Eier u Mehl,
dieses mit Backpulver vermischt
dazu, wenn nötig noch soviel
Milch, das ein mittelfester Teig entsteht. Von der Masse sticht man
mit einem Teelöffel kleine Kügeln
aus und backt die Krapfen in siedend heißem Fett, auf beiden
Seiten braun, aber das Fett nicht
zu heiß machen, man muß es
ausprobieren, wenn die Krapfen
braun sind nimmt man sie
heraus, läßt auf einem Sieb abtropfen, tut sie dann in eine Schüssel
u bestreut sie mit Puderzucker.
Sie sind sehr wohlschmeckend
und billig.

## Zutaten:

| | | |
|---|---|---|
| 125 | Gramm | Butter |
| 100 | Gramm | Zucker |
| 4 | | Eier |
| 500 | Gramm | Mehl |
| 1 | Tüte | Backpulver |

Zum Backen nimmt man Schmalz oder Palmin. Letzteres ist besser.

## Zubereitung:

Die Butter rührt man schaumig, gibt Zucker Eier und Mehl, dieses mit Backpulver vermischt, dazu. Wenn nötig, noch so viel Milch, dass ein mittelfester Teig entsteht. Von der Masse sticht man mit einem Teelöffel kleine Kugeln aus und backt die Krapfen in siedend heißem Fett auf beiden Seiten braun. Aber das Fett nicht zu heiß machen. Man muss es ausprobieren, wenn die Krapfen braun sind, nimmt man sie heraus, lässt sie auf einem Sieb ablecken, tut sie dann in eine Schüssel und bestreut sie mit Puderzucker. Sie sind sehr wohlschmeckend und billig.

# Äpfel im Mäntelchen

Äpfel in Mäntelchen.

Zutaten: 8 gute Äpfel, ½ ʒ Mehl,
3 Eier, 50 gr Butter 50 gr Zucker,
etwas Milch, ½ Paket Backpulver
½ Paket Vanillenzucker und wenn
man hat, etwas Rum.

Zubereitung:
Die Äpfel werden geschält, mit einem Apfelbohrer vom Kernhaus befreit und in ungefähr 1 cm dicke Scheiben geschnitten. Dann
zuckert man die Scheiben ungefähr 2 Stunden ein und beträufelt sie mit Rum und deckt
sie zu bis zum backen.
Der Teig:
Die Butter läßt man zergehen,
gebe Zucker, Vanillenzucker,
Eigelb, das mit Backin gemischte Mehl und zuletzt das Eiweiß

als Schnee geschlagen dazu. In dieser
dicken Teigmasse wende man die
Apfelscheiben und backe sie in
Schmalz oder Palmin schön braun
Palmin bevorzugt man und gebe
sie heiß mit Zucker bestreut zu Tisch.

## Zutaten:

| | | |
|---|---|---|
| 8 | gute | Äpfel |
| 250 | Gramm | Mehl |
| 3 | | Eier |
| 50 | Gramm | Butter |
| 50 | Gramm | Zucker |
| ½ | Tüte | Backpulver |
| ½ | Tüte | Vanillezucker |
| | etwas | Milch |
| | etwas | Rum |
| | etwas | Schmalz oder Palmin zum Braten |

## Zubereitung:

Die Äpfel werden geschält und mit einem Apfelbohrer vom Kernhaus befreit und in ungefähr 1 cm dicke Scheiben geschnitten. Dann zuckert man die Scheiben ungefähr 2 Stunden ein und beträufelt sie mit Rum und deckt sie zu bis zum Backen.

### Der Teig:

Die Butter lässt man zergehen, gebe Zucker, Vanillezucker, Eigelb, das mit Backpulver gemischte Mehl, Milch und zuletzt das Eiweiß als Schnee geschlagen dazu. In dieser dicken Teigmasse wende man die Apfelscheiben und backe sie in Schmalz oder Palmin schön braun. Palmin bevorzugt man und gebe sie heiß mit Zucker bestreut zu Tisch.

# Biskuit Roulade

Biskuitroulade.

Zutaten: 125 gr Mehl, 125 gr Zucker
5 Eier, das abgeriebene einer Zitrone und Konfitüre mit etwas
Rum verdünnen:

Man trennt die Eigelb von dem
Eiweiß und rührt die Eigelb
mit der Hälfte des Zuckers schaumig. Das Eiweiß wird zu steifem Schnee geschlagen und der
Rest des Zuckers löffelweise daran
geschlagen. An die steife Schneemasse werden Eigelb, Mehl
und das abgeriebene der Zitrone
gegeben und alles vorsichtig
untergezogen wie beim Biskuitboden. Ein Blech hat man vor-
fer-

mit Pergamentpapier belegt, nun
tut man den Teig darauf und backt
bei kleiner Hitze hellgelb gebacken.
Die fertige Biskuitplatte wird auf
ein mit Puderzucker bestreutes
Holzbrett gestürzt, das Papier schnell
abgezogen. Die mit Rum verdünnte Marmelade wird auf
die warme Biskuitplatte gestrichen und die Platte zusammengerollt. Die erkaltete
Roulade wird mit Puderzu-
cker bestreut, oder mit einer
Zuckerglasur verziert. Das Rollen
der Roulade muß geschehen
solange sie noch warm ist, da
sonst der Teig bricht.

## Zutaten:

| 125 | Gramm | Mehl |
| --- | --- | --- |
| 125 | Gramm | Zucker |
| 5 | | Eier |
| 1 | | Zitrone (nur die Schale abreiben) |
| 1 | Glas | Konfitüre mit etwas Rum verdünnen |

## Zubereitung:

Man trennt das Eigelb von dem Eiweiß und rührt das Eigelb mit der Hälfte des Zuckers schaumig. Das Eiweiß wird zu steifem Schnee geschlagen und der Rest des Zuckers löffelweise daran geschlagen. An diese steife Schneemasse werden Eigelb, Mehl und das Abgeriebene der Zitrone gegeben und alles vorsichtig untergezogen wie beim Biskuitboden.

Ein Blech hat man vorher mit Pergamentpapier belegt, nun tut man den Teig darauf und backt bei kleiner Hitze hellgelb. Die fertige Biskuitplatte wird auf ein mit Puderzucker bestreutes Holzbrett gestürzt und das Papier schnell abgezogen. Die mit Rum verdünnte Marmelade wird auf die warme Biskuitplatte gestrichen und die Platte zusammengerollt. Die erkaltete Roulade wird mit Puderzucker bestreut oder mit einer Zuckerglasur verziert. Das Rollen der Roulade muss geschehen, so lange sie noch warm ist, da sonst der Teig bricht.

# Mocca Schokoladen-Cremetorte

Mocca Schokoladen-Cremetorte

Der Teig: 200 gr Zucker, 3 Eier, 4 Eßlöffel Wasser, 100 gr Weizenmehl, 100 gr Weizenin, ½ Säckchen Backpulver, 1 Päckchen Vanillenzucker.

Creme: ¼ Liter Milch, 1 Säckchen Schokoladenpuddingpulver, ¼ x Zucker, ¼ Liter Wasser, 50 gr Kaffee, ¼ x Butter und 25 gr Palmin.

Zubereitung: Von dem ¼ Liter Wasser und den gemahlenen Kaffee macht man einen Kaffeeaufguß. Nun zum Teig: 3 Eigelb werden mit Wasser, Zucker und Vanillenzucker schaumig gerührt und das mit dem Backin und Weizenin gemischte Mehl nach und nach hinzugefügt. Zuletzt zieht man den Eischnee unter die Masse und backt bei gelinder Hitze in einer Springform. Nun macht man aus dem Kaffeeauf-

# Zutaten:

## Der Teig

| 200 | Gramm | Zucker |
|---|---|---|
| 3 | | Eier |
| 4 | Esslöffel | Wasser |
| 100 | Gramm | Weizenmehl |
| 100 | Gramm | Weizenin |
| ½ | Tüte | Backpulver |
| 1 | Tüte | Vanillezucker |

## Die Creme

| ¼ | Liter | Milch |
|---|---|---|
| 1 | Tüte | Schokoladenpuddingpulver |
| 125 | Gramm | Zucker |
| ¼ | Liter | Wasser |
| 50 | Gramm | Kaffee |
| 125 | Gramm | Butter |
| 25 | Gramm | Palmin |

gufs, der Milch Zucker und dem Schokoladenpuddingpulver einen Pudding den man bis zum Erkalten rührt. Unterdessen rührt man 1/4 ℓ Butter und 25gr Palmin schaumig ungefähr eine halbe Stunde, gibt löffelweise die erkaltete Schokoladenspeise darunter. Den erkalteten Tortenboden schneidet man in 3 gleiche Teile und tut die Creme dazwischen, die Seiten und die Oberfläche bestreicht man ebenfalls mit der Creme und verziert die Oberfläche mit dem Spritzbeutel.

## Zubereitung:

Von dem ¼ Liter Wasser und dem gemahlenen Kaffee macht man einen Kaffeeaufguss.

### Nun zum Teig:

3 Eigelb werden mit Wasser, Zucker und Vanillezucker schaumig gerührt und das mit dem Backin und Weizenin gemischte Mehl bei nach und nach hinzugefügt. Zuletzt ziehe man den Eischnee unter die Masse und backe bei gelinder Hitze in einer Springform.

Nun macht man aus dem Kaffeeaufguss, der Milch, Zucker und dem Schokoladenpuddingpulver einen Pudding, den man bis zum Erkalten rührt.

Unterdessen rührt man 125 Gramm Butter und 25 Gramm Palmin schaumig (ungefähr eine halbe Stunde) gibt löffelweise die erkaltete Schokoladenspeise darunter.

Den erkalteten Tortenboden schneidet man in 3 gleiche Teile und tut die Creme dazwischen. Die Seiten und die Oberfläche bestreicht man ebenfalls mit der Creme und verziert die Oberfläche mit dem Spritzbeutel.

# Feiner Schokoladenkuchen

Feiner Schokoladenkuchen
300 gr Margarine, 200 gr Zucker, 3 Eier,
150 gr Maizena, 100 gr Mehl, 1 Eßlöffel
Rum, 1 Tafel Blockschokolade oder eine
kleine Tüte Schokoladenstreußel und
1/2 Paket Backpulver.
Die Margarine schaumig rühren und

löffelweise den Zucker hinnüten
Nach und nach die Eier dran tün
und solange rühren, bis der Zucker gelöst ist. Mehl, Maizena und
Backpulver zusammen verrühren
und auf den Teig tün und unterrühren. Zuletzt den Rum und
die Schokolade darübergeben. Den Teig
in eine ausgestrichene Form tün
(Kastenform) und bei Mittelhitze 1
gute Stunde backen.

## Zutaten:

| | | |
|---|---|---|
| 200 | Gramm | Margarine |
| 200 | Gramm | Zucker |
| 3 | | Eier |
| 150 | Gramm | Maizena |
| 100 | Gramm | Mehl |
| 1 | Esslöffel | Rum |
| 1 | Tafel | Blockschokolade |
| Oder | | |
| 1 | kleine Tüte | Schokoladenstreusel |
| ½ | Tüte | Backpulver |

## Zubereitung:

Die Margarine schaumig rühren und löffelweise den Zucker hinzutun. Nach und nach die Eier dran tun und so lange rühren, bis der Zucker gelöst ist. Mehl, Maizena und Backpulver zusammen verrühren und auf den Teig tun und unterrühren. Zuletzt den Rum und die Schokolage dazugeben. Den Teig in eine ausgestrichene Form tun (Kastenform) und bei Mittelhitze eine gute Stunde backen.

# Buttercreme Torte

Zubereitung: Drei Eigelb werden mit
dem Zucker, 4 Eßlöffel Wasser, dem Ab-
geriebenen einer Zitrone und dem Saft
schaumig gerührt. Nach und nach gibt
man das mit Weizenin und Backpulver gemischte Mehl hinzu, verrührt alles glatt, es wird nur ganz
langsam untergehoben und gibt
zuletzt den steif geschlagenen Schnee
über die Masse, gibt den Teig in eine
gefettete Form und backt bei mittel
Hitze ungefähr ½ Stunde.
Creme: Von einem halben Liter Milch
150 gr Zucker und dem Vanillenpud-
dingpulver kocht man einen Pudding, den man bis zum Erkalten
rührt. Dann rührt man 175 gr
Butter u 30 gr Palmin schaumig
u rührt löffelweise die Creme darunter. Den erkalteten Tortenboden.

## Zutaten:

### Teig

| | | |
|---|---|---|
| 100 | Gramm | Weizenmehl |
| 100 | Gramm | Weizenin |
| 200 | Gramm | Zucker |
| 3 | | Eier |
| 4 | Esslöffel | Wasser |
| ½ | Tüte | Backpulver |
| 1 | | Zitrone (nur die Schale abreiben und den Saft auspressen) |
| 1 | Glas | Erdbeer- oder Kirschmarmelade |

### Creme

| | | |
|---|---|---|
| ½ | Liter | Milch |
| 1 | Tüte | Vanillepuddingpulver |
| 50 | Gramm | Zucker |
| 175 | Gramm | Butter |
| 30 | Gramm | Palmin |
| 25 | Gramm | geriebene Mandeln (oder gehackte) |

schneidet man in 3 Scheiben be
streicht sie mit einer Kirsch oder
Erdbeermarmelade und darauf
die Creme, dann setzt man die
Scheiben aufeinander. Die Oberfläche und die ~~Scheib~~ Seiten bestreicht man ebenfalls mit der
Creme und garniert die Oberfläche
mit dem Spritzbeutel. Die Torte be-
~~streicht~~ man mit geriebenen Mandeln
die vorher mit etwas Zucker und
Butter braun geröstet sind.

## Zubereitung:

### Teig:

Drei Eigelb werden mit dem Zucker, 4 EL Wasser, die abgeriebene Schale einer Zitrone und dem Saft schaumig gerührt. Nach und nach gibt man das mit Weizenin und Backpulver gemischte Mehl hinzu, verrührt alles glatt. Es wird nun ganz langsam untergehoben und gibt zuletzt den steif geschlagenen Schneeunter die Masse, gibt den Teig in eine gefettete Form und backt bei Mittelehitze ungefähr eine gute halbe Stunde.

### Creme:

Von einem halben Liter Milch, 150 g Zucker und dem Vanillepuddingpulver kocht man einen Pudding, den man bis zum Erkalten rührt. Dann rührt man 175 g Butter und 30 g Palmin schaumig und rührt löffelweise die Creme darunter. Den erkalteten Tortenboden schneidet man in 3 Scheiben. Bestreicht sie mit einer Kirsch oder Erdbeermarmelade und darauf die Creme. Dann setzt man die Scheiben aufeinander.

Die Oberflächen und die Seiten bestreicht man ebenfalls mit der Creme und garniert die Oberfläche mit dem Spritzbeutel. Die Torte bestreut man mit geriebenen Mandeln, die vorher mit etwas Zucker und Butter braun geröstet sind.

# Englischer Käse

Englischer Käse! 1

Teig: 200 gr Butter oder Margarine,
1 Päckchen Vanillenzucker; 150 gr Zucker 3 Eier, 200gr Mehl u 100 gr
Weizenin, 75 gr gehakte Mandeln
2 gestrichene Teelöffel Back
pulver. Zum Bestäuben Pudernu-
cker. Man kann noch 1/4 ʋ Rosinen,

oder 150 gr Schokoladenmylon Hof.
1/4 ʋ Korinthen und gehakte Schoko
dran tun, auch noch geriebene Zitronenschale, alles nach Geschmack.

# Zutaten

## Teig:

| | | |
|---|---|---|
| 200 | Gramm | Butter oder Margarine |
| 1 | Tüte | Vanillezucker |
| 150 | Gramm | Zucker |
| 3 | | Eier |
| 200 | Gramm | Mehl |
| 100 | Gramm | Weizenin |
| 75 | Gramm | Gehackte Mandeln |
| 2 | große | gestrichene Teelöffel Backpulver |
| | | Puderzucker zum Bestäuben |

Evtl.

| | | |
|---|---|---|
| 125 | Gramm | Rosinen |
| 125 | Gramm | Korinthen |

oder

| | | |
|---|---|---|
| 150 | Gramm | Schokoladenplättchen |
| | | gehackte Sukkade |
| | | geriebene Zitronenschale |

alles nach Geschmack

Fett schaumig rühren, Vanillezucker,
dazugeben. Abwechselnd Zucker Eier
und das Gemisch aus Mehl, Würzen
und Backpulver darunterrühren.
Zuletzt die gehackten Mandeln geriebene
Zitrone, die gehackte Sukade und
Korinthen und Rosinen unterrühren
den Teig in eine gefettete Kastenform
füllen und bei mittlerer Hitze backen. Wenn er abgekühlt ist, stürzen
und mit Puderzucker bestreuen.

Apfelsinenpudding.
3 saftige Apfelsinen, 1 Zitrone, 125 gr.
Zucker, wenig Salz, 15 gr weiße Gelatine und knapp 1/8 Liter steif geschlagene Sahne. Man tut den Zucker in einen Topf und reibt auf

## Zubereitung:

Das Fett schaumig rühren, Vanillezucker dazugeben. Abwechselnd Zucker, Eier und das Gemisch aus Mehl, Weizenin und Backpulver darunter rühren. Zuletzt die gehackten Mandeln, geriebene Zitronenschale, die gehackte Sukkade und Korinthen und Rosinen unterrühren. Den Teig in eine gefettete Kastenform füllen und bei mittlerer Hitze backen. Wenn er abgekühlt ist stürzen, und mit dem Puderzucker bestreuen. Man kann auch einen Schokoladenguss darauf tun.

# Barbara Kuchen

Barbara Kuchen.

200 gr Butter oder Margarine, Schale
von 1 Zitrone, 250 gr Zucker, 4 Eier
125 gr Mondamin ü 125 gr Mehl
1/2 Paket Backpulver.

Guß: 150 gr Puderzucker ü 4 Eßlöffel
Wasser, wer es liebt, kann auch Zitronensaft nehmen statt Wasser.

Fett schaumig rühren, abgeriebene
Zitronenschale dazugeben, abwech-

selnd Zucker, Eier und das Gemisch
aus Mondamin, Mehl u Backpulver
darunter rühren. Teig in eine gefettete
u mit Zwieback ausgestreute Kasten
form füllen u backen, Kuchen in der
Form belassen und über den heißen
Kuchen den Guß streichen und einziehen lassen. Kuchen gleich nach dem
Erkalten aus der Form nehmen.

## Zutaten:

| 200 | Gramm | Butter oder Margarine |
|-----|-------|------------------------|
| 1 | | Zitrone (Schale) |
| 250 | Gramm | Zucker |
| 4 | | Eier |
| 125 | Gramm | Mondamin (Weizenin) |
| 125 | Gramm | Mehl |
| ½ | Tüte | Backpulver |

**Guss:**

| 150 | Gramm | Puderzucker |
|-----|-------|-------------|
| 4 | Esslöffel | Wasser |

## Zubereitung:

**Guss:**

Den Puderzucker und 4 Esslöffel Wasser umrühren (man kann auch Zitronensaft sein statt Wasser nehmen).

**Teig:**

Fett schaumig rühren, abgeriebene Zitronenschale dazugeben. Abwechselnd Zucker, Eier und das Gemisch aus Mondamin, Mehl und Backpulver darunter rühren. Teig in eine gefettete und mit Zwieback ausgestreute Kastenform füllen und bei mittlerer Hitze backen. Kuchen in der Form belassen und über den heißen Kuchen den Guss streichen und einziehen lassen. Kuchen gleich nach dem Erkalten aus der Form nehmen.

# Mohrenkrone

_Teig_        Mohrenkrone !
250 gr Butter oder Margarine, 1 Päckchen Vanillenzucker, 200 gr Zucker
3 Eier, 125 gr Persinin, 375 gr Mehl
1 Päckchen Backpulver u̶ etwa 1/8
Liter Milch, 50 gr Kakao 50 gr Zucker
2-3 Eßlöffel Milch verrührt man
und vermischt es mit einem
8 tel des Teiches nachher.

## Zutaten:

### Teig:

| | | |
|---|---|---|
| 250 | Gramm | Butter oder Margarine |
| 1 | Tüte | Vanillezucker |
| 200 | Gramm | Zucker |
| 3 | | Eier |
| 125 | Gramm | Weizenin |
| 375 | Gramm | Mehl |
| 1 | Tüte | Backpulver |
| ⅛ | Liter | Milch |

Später verrührt man

| | | |
|---|---|---|
| 50 | Gramm | Kakao |
| 50 | Gramm | Zucker |
| 2-3 | Esslöffel | Milch |

Und vermischt es nachher mit einem Drittel des Teiges.

Teig: Fett schaumig rühren, Vanillenzucker damit geben, abwechselnd, Zucker

Eier u. das Gemisch aus Mehl, Weizenin, Backpulver und Milch darunter rühren. Nun tut man von dem Teig 1/3 in eine ausgestrichene und mit Zwieback ausgestreute Kastenform. Den restlichen Teig mit dem Kakao verrühren und auf den hellen Teig in die Form tun. Den Kuchen backen, stürzen u. auskühlen lassen, man kann ihn mit Pudernzucker bestreuen und kann ihn auch mit einem Guß überziehen.

Der Guß:
250 gr Puderzucker, 25 gr Kakao
3-4 Eßlöffel heißes Wasser und
25 gr Kokosfett.

## Zubereitung:

Fett schaumig rühren, Vanillezucker dazugeben, abwechselnd Zucker, Eier und das Gemisch aus Mehl, Weizenin, Backpulver und Milch darunter rühren. Nun tut man von dem Teig ⅓ in eine ausgestrichene und mit Zwieback ausgestreute Kastenform. Den restlichen Teig mit dem Kakao verrühren und auf den hellen Teig in die Form tun. Den Kuchen backen, stürzen und auskühlen lassen. Man kann ihn mit Puderzucker bestreuen und kann ihn auch mit einem Guss überziehen.

## Guss:

| 250 | Gramm     | Puderzucker   |
|-----|-----------|---------------|
| 25  | Gramm     | Kakao         |
| 3-4 | Esslöffel | heißes Wasser |
| 25  | Gramm     | Kokosfett     |

# Kokosberge

Kokosberge.

125 gr Mehl, 75 gr Maizena oder Weizenin
1/4 ℔ Butter oder Margarine, 1 Paket Vanille
zenzucker, 1 Ei, 100 gr Zucker, 9 gr gleich

3 gestrichene Teelöffel Backpulver und
100 gr Kokosflocken.

Das Fett schaumig rühren und nach
und nach Zucker, Vanillenzuckerund
das Ei hinzugeben. Das mit Weizenin
und Backin gemischte Mehl Eßlöffel
weise unterrühren. Die Kokosraspeln
zuletzt unterden Teigtun und mit
2 Teelöffeln kleine Häufchen auf ein
gefettetes Backblech setzen. Backzeit
ungefähr 10 - 15 Minuten beide Mittelh. oder
Man setzt die Häufchen nicht so dicht
beisammen aufdem Backblech.

## Zutaten:

| | | |
|---|---|---|
| 125 | Gramm | Mehl |
| 75 | Gramm | Maizena oder Weizenin |
| 125 | Gramm | Butter oder Margarine |
| 1 | Tüte | Vanillezucker |
| 1 | | Ei |
| 100 | Gramm | Zucker |
| 9 | Gramm | = 3 gestrichene Teelöffel Backpulver |
| 100 | Gramm | Kokosflocken |

## Zubereitung:

Das Fett schaumig rühren und nach und nach Zucker, Vanillezucker und das Ei hinzugeben. Das mit Weizenin und Backin gemischte Mehl Esslöffelweise unterrühren. Die Kokosraspel zuletzt unter den Teig tun und mit 2 Teelöffeln kleine Häufchen auf ein gefettetes Backblech setzen. Backzeit ungefähr 10-15 Minuten bei guter Mittelhitze. Man setzt die Häufchen nicht so dicht beisammen auf dem Backblech

# Apfeltorte

Apfeltorte

250 gr Mehl, 2 gestrichene Teelöffel Backpulver 100 gr Zucker 100 gr Margarine
1 Ei, ½ Fläschchen Backaroma Zitrone
, 1 Päckchen Vanillenzucker.
Für den Belag:
500 gr geschälte Äpfel Äpfel, ¼ Tasse

Rosinen etwas Zucker.
Für den Guß:
125 gr. Zucker, 3 Eier, 100 gr gehackte
Mandeln.

# Zutaten:

| | | |
|---|---|---|
| 250 | Gramm | Mehl |
| 2 | Teelöffel | Backpulver (gestrichen) |
| 100 | Gramm | Zucker |
| 100 | Gramm | Margarine |
| 1 | | Ei |
| ½ | Flasche | Backaroma Zitrone |
| 1 | Tüte | Vanillezucker |

## Für den Belag:

| | | |
|---|---|---|
| 500 | Gramm | geschälte Äpfel |
| ½ | Tasse | Rosinen |
| | Etwas | Zucker |

## Für den Guss:

| | | |
|---|---|---|
| 125 | Gramm | Zucker |
| 3 | | Eier |
| 100 | Gramm | Gehackte Mandeln |

## Zubereitung.

Aus den angegebenen Zutaten, stellt man einen Mürbeteig her. Die klein geschnittenen Äpfel werden mit den Rosinen in wenig Zuckerwasser gedünstet u. kalt auf den Torten= boden gegeben, der vorher ein wenig angebacken wirde. Zum Schluß gibt man folgenden Guß drauf : 125 gr Zucker wird mit den ganzen Eiern tüchtig gerührt bis die Masse dick wird. Dann gibt man die gehackten Mandeln darun= ter. Die Torte wird nochmals bei mäßiger Hitze 1/2 Stunde über= backen.

## Zubereitung:

Aus den angegebenen Zutaten stellt man einen Mürbeteig her. Die kleingeschnittenen Äpfel werden mit den Rosinen in wenig Zuckerwasser gedünstet und kalt auf den Tortenboden gegeben, der vorher ein wenig angebacken wurde.

Zum Schluss gibt man folgenden Guss darauf:

| | | |
|---|---|---|
| 125 | Gramm | Zucker |

Wird mit den ganzen Eiern tüchtig gerührt bis die Masse dick wird. Dann gibt man die gehackten Mandeln darunter. Die Torte wird nochmals bei mäßiger Hitze eine halbe Stunde überbacken.

# Bienenstich in der Springform

Bienenstich in der Springform.
Der Teig: 100 gr Butter 1 Ei 50 gr Zucker,
1/2 u Mehl, 1/2 Päckchen Backpulver, etwas
Salz u etwas Milch.
Belag: 100 gr Butter, 100gr Zucker,
50 gr gehackte Mandeln, 1/2 Päckchen
Vanillenzucker.
Zubereitung: der Teig: die Butter
rührt man zur Sahne, fügt Zucker,
Ei, das mit Backin gemischte Mehl
u eine Prise Salz hinzu u etwas
Milch. diesen Teig rollt man aus
und belegt den Boden der Springform damit. die Butter zum Belag läßt man schmelzen, nimmt
vom Feuer, fügt den Zucker, Vanillenzucker u die gemahlenen
Mandeln hinzu u verrührt alles
gut miteinander, streicht die
Masse auf den Teig u bäckt den

# Zutaten:

## Der Teig:

| 100 | Gramm | Butter |
|-----|-------|--------|
| 1 | | Ei |
| 50 | Gramm | Zucker |
| 250 | Gramm | Mehl |
| ½ | Tüte | Backpulver |
| | etwas | Salz |
| ⅜ | Liter | Milch |

## Belag:

| 100 | Gramm | Butter |
|-----|-------|--------|
| 100 | Gramm | Zucker |
| 50 | Gramm | Gehackte Mandeln |
| ½ | Tüte | Vanillezucker |

## Buttercreme:

| 0,375 | Liter | Milch |
|-------|-------|-------|
| 1 | Tüte | Vanillepuddingpulver |
| 200-300 | Gramm | Butter |

Kuchen bei Mittelhitze reichlich
eine 1/2 Stunde. Will man den Kuchen füllen, dann bereitet man
eine Butterkrem:
Man kocht 3/8 Liter Milch mit Zucker und einem Päckchen Vanillepuddingpulver, dann nimmt man
vom Feuer, läßt abkühlen, aber
nicht ganz kalt, immer mal umrühren, damit es keine Haut setzt.
Die Butter rührt man nur Sahne
200 - 250 gr. und gibt den Pudding
Eßlöffelweise darunter. Man muß
darauf achten daß weder Butter,
noch Pudding zu kalt ist, da
sonst die sogenannte Gerinnung
eintritt. Nun schneidet man
die Torte durch u. füllt mit der
Butterkrem.

## Zubereitung:

### Der Teig:

Die Butter rührt man zur Sahne, fügt Zucker, Ei, das mit Backin gemischte Mehl und eine Prise Salz hinzu und etwas Milch. Diesen Teig
rollt man aus und belegt dem Boden der Springform damit.

### Der Belag:

Die Butter zum Belag lässt man schmelzen, nimmt vom Feuer, fügt den
Zucker, Vanillezucker und die gemahlenen Mandeln hinzu und verrührt alles gut miteinander, streicht die Masse auf den Teig und backt
den Kuchen bei Mittelhitze reichlich eine ½ Stunde.

### Will man den Kuchen füllen, dann bereitet man eine Buttercreme:

Man kocht 0,375 Liter Milch mit Zucker und einem Päckchen Vanillepuddingpulver, dann nimmt man alles vom Feuer. Lässt es abkühlen,
aber nicht ganz kalt. Immer mal umrühren, damit es keine Haut setzt.
Die Butter rührt man zur Sahne, ca. 200-250 Gramm und gibt den Pudding esslöffelweise darunter. Man muss darauf achten, dass weder
Butter noch Pudding zu kalt ist, da sonst die sogenannte Gerinnung
weintritt. Nun schneidet man die Torte durch und füllt sie mit der Buttercreme.

Köchin

# DIVERSE REZEPTE

- Rotkohl
- Apfelsinengetränk
- Bowle
- Weinpunsch
- Petersiliensauce
- Eierklöße
- Eierstich
- Omelette
- Zuckerguss
- Schokoladenguss
- Schnee zum Überbacken

# Rotkohl

Rotkohl.

Der Rotkohl wird fein geschnitten, ge=
waschen und in einem Topf mit
Schmalz oder Palmin getan, etwas
Wasser darüber tun zu Salz daran.
~~Kn~~. Wenn er eine Stunde gekocht
hat, macht man ein schönes Teil Äpfel
daran und ziemlich zum Schluß mit Essig
und Zucker abschmecken.

## Zutaten:

| | |
|---|---|
| 1 | Kopf Rotkohl |
| | Schmalz **oder** Palmin |
| 3 | Äpfel |
| | Essig |
| | Zucker |

## Zubereitung:

Der Kohl wird fein geschnitten, gewaschen und in einen Topf mit Schmalz oder Palmin getan. Etwas Wasser darunter gießen und salzen. Wenn der Kohl 1 Stunde gekocht hat, macht man die zerkleinerten Äpfel daran. Ziemlich zum Schluss mit Essig und Zucker abschmecken.

# Apfelsinengetränk

Apfelsinengetränk.

Von einer Flasche billigem Cognac, mit dem man die Schale von 12 großen Apfelsinen, billig herum abspült. Man setzt sie fest verkorkt 2 Monate hin. Die Flasche muß voll stehen. Nach Ablauf dieser Zeit kocht man 3 ℔ Einmachzucker in 2 Liter Wasser klar, mit hinzu 45 gr Zitronensäure die in 1/4 Liter kochendem Wasser vorher aufgelöst war. Wenn dieses kalt ist, mit man den Apfelsinen Cognac dazu, füllt in Flaschen und verkorkt sie. Im Sommer mit Wasser verdünnt, ein erfrischendes Getränk.

## Zutaten:

| | | |
|---|---|---|
| 1 | Flasche | Cognac (preiswert) |
| 12 | | große Apfelsinen |
| 1,5 | Kilogramm | Einmachzucker |
| 2 | Liter | Wasser |
| 45 | Gramm | Zitronensäure |

## Zubereitung:

In eine Flasche billigen Cognac tut man die Schale von 12 großen Apfelsinen. (Bitte dünn abschälen). Man setzt sie fest verkorkt 2 Monate hin. Die Flasche muss hell stehen.

Nach Ablauf dieser Zeit kocht man 1500 Gramm Einmachzucker in 2 Liter Wasser klar, tut hinzu 45 Gramm Zitronensäure, die in 0,25 Liter kochendes Wasser vorher aufgelöst war.

Wenn dieses kalt ist, tut man den Apfelsinen-Cognac dazu, füllt in Flaschen und verkorkt sie. Im Sommer mit Wasser verdünnt, ein erquickendes Getränk.

# Ananas Bowle

Ananas = Bowle
Eine Dose Ananas von 2 ℳ ½ ℳ Zucker
1 Flasche Sekt, 2 Flaschen Rheinwein.

# Sylvester Bowle

Sylvester = Bowle.
Erdbeerbowle: 1 Dose Erdbeeren
von 2 ℳ ½ ℳ Zucker, 1 Flasche Erd.
beersekt u 2 Flaschen Rheinwein.

## Zutaten:

| 1    | Dose     | Ananas (groß)            |
|------|----------|--------------------------|
|      | oder     |                          |
| 1000 | Gramm    | Erdbeeren oder Pfirsiche |
| 4    | Flaschen | Weißwein                 |
| 1    | Flasche  | Sekt                     |
| 500  | Gramm    | Zucker                   |

## Zubereitung: (für beide Bowlen)

Der Wein wird mit den Früchten und dem Zucker vermengt.

Eine Weile ziehen lassen.

Vor dem Ausschenken mit dem Sekt vermengen.

Bei der Erdbeerbowle 1 Flasche Erdbeersekt dazutun.

# Weinpunsch

Weinpunsch

Man läßt 3/4 Liter Wasser mit
500 gr Zucker aufkochen fügt eine
Flasche Rotwein, eine Flasche Rhein
wein und einer *lauw* Flasche Arrack hinzu u läßt zugedeckt kochend heiß
werden aber <u>nicht</u> kochen.

## Zutaten:

| | | |
|---|---|---|
| 0,75 | Liter | Wasser |
| 500 | Gramm | Zucker |
| 1 | Flasche | Rotwein |
| 1 | Flasche | Weißwein |
| ½ | Flasche | Arrak (oder Cognac) |

## Zubereitung:

Man lässt 0,75 Liter Wasser mit 500 Gramm Zucker aufkochen, fügt 1 Flasche Rotwein, eine Flasche Rheinwein und eine halbe Flasche Arrak hinzu und lässt alles zugedeckt heiß werden, aber **nicht** kochen.

# Petersiliensauce

Petersiliensauce.

In einer Tasse tut man ein Stück Butter, br, schmelzt dazu einen Löffel Mehl, giebt 1/4 Liter Hühner brühe dazu und läßt es glatt kochen, würzt mit Zitrone, etwas Muskat, etwas und Salz, und richt die Sauce mit 1-2 Eigelben ab. Zuletzt mischt man einen Eßlöffel voll fein gehackte Petersilie bei und gießt die fertige Sauce über die Fleischstücke.

## Zutaten:

| | | |
|---|---|---|
| 1 | Stück | Butter |
| 1 | Esslöffel | Mehl |
| ¼ | Liter | Hühnerbrühe |
| 1 | Esslöffel | Zitronensaft |
| | Etwas | Muskatblüte |
| | Etwas | Salz |
| 2 | | Eigelb |
| 1 | Teelöffel | gehackte Petersilie |

## Zubereitung:

In einen Topf tut man ein Stück Butter, schwitzt darin einen Löffel Mehl, gießt ¼ Liter Hühnerbrühe dazu und lässt es glatt kochen, würzt mit Zitronensaft, Muskatblüte und Salz und rührt die Sauce mit 1-2 Eigelb ab. Zuletzt mischt man einen Teelöffel voll feingehackter Petersilie bei und gießt die sämige Sauce über die Fleischstücke.

# Eierklöße

## Zutaten:

| | | |
|---|---|---|
| 1 | Stück | Butter |
| | | etwas Salz |
| 2 | Esslöffel | Mehl |
| 4 | | Eigelb |
| | | Muskatnuss reiben (nach Geschmack) |

## Zubereitung:

Man tut in einen Topf mit etwas kochendem Wasser Salz und 1 Stück Butter und zwei Esslöffel Mehl und rührt es ab. Dann tut man 4 durch ein Sieb gestrichene hart gekochte Eigelb, ein rohes Eigelb und geriebene Muskatnuss dazu, verrührt es und formt kleine Klöße. Dann die Klöße ca. 1 Minute kochen lassen.

# Eierstich

Eierstich.

Zutaten: 2 Eier, 4 Eßlöffel Milch oder
Bouillon, 1 Prise Salz und 5 g Butter.
Eier, Milch oder Bouillon und Salz zusammen schlagen, durch ein Sieb in
eine mit Butter ausgestrichene
Büchse tun, dann im heißem Wasser
langsam eine halbe Stunde ziehen.
Nicht kochen, da der Eierstich sonst Löcher
bekommt. Aus der Masse werden kleine
Stücke geschnitten, in die Zuppe gelegt und mit heißer Suppe übergießen.

## Zutaten:

| | | |
|---|---|---|
| 2 | | Eier |
| 4 | Esslöffel | Milch |
| | | **Oder** |
| | | Bouillon |
| 1 | Prise | Salz |
| 5 | Gramm | Butter |

## Zubereitung

Die Eier, Milch oder Bouillon und Salz zusammen schlagen, durch ein Sieb in einen mit Butter ausgestrichenen Topf tun, dann in heißem Wasser langsam eine halbe Stunde ziehen. Nicht kochen, da der Eierstich sonst Löcher bekommt. Aus der Masse werden dann kleine Stücke geschnitten, in die Terrine gelegt und mit heißer Suppe übergossen.

# Omelett

Omelett.

4 Eigelb, 2 Ehslöffel Zucker, 1 Teelöffel
Maizena, 1 Ehslöffel Milch verrührt man und zuletzt den Schnee
den Eiern damit und backt bei wenig
Hitze goldgelb.

## Zutaten:

| | | |
|---|---|---|
| 4 | | Eigelb |
| 2 | Esslöffel | Zucker |
| 1 | Teelöffel | Maizena |
| 1 | Esslöffel | Milch |

## Zubereitung:

Die Zutaten werden miteinander verrührt, zuletzt kommt der Schnee von den Eiern dazu. Dann backt man alles bei wenig Hitze goldgelb (in der Pfanne).

# Zuckerguss

Zuckerguss.
200 gr Puderzucker, 2 - 3 Eßlöffel heißes Wasser. Den gesiebten Puderzucker verrührt man mit dem
heißen Wasser zu einem dickflüssigen Guß, der noch warm auf
das Gebäck gestrichen wird.

## Zutaten

| 200 | Gramm | Puderzucker |
|-----|-------|-------------|
| 2-3 | Esslöffel | heißes Wasser |

## Zubereitung:

Den gesiebten Puderzucker verrührt man mit dem heißen Wasser zu einem dickflüssigen Guss, der noch warm auf das Gebäck gestrichen wird.

# Schokoladenguss

Schokoladenguß.
200 gr. Puderzucker, 3 Eßlöffel heißes
Wasser oder heiße Milch und 30 gr.
Butter. Herstellung wie beim Zucker-
guß. Gibt man noch 20-25 gr. zerlassenes Kokosfett hinzu, dann erhält man einen glänzenden Guß.

## Zutaten:

| | | |
|---|---|---|
| 200 | Gramm | Puderzucker |
| 3 | Esslöffel | heißes Wasser |
| | **oder** | |
| 3 | Esslöffel | heiße Milch |
| 30 | Gramm | Kakao |

## Zubereitung:

Herstellung wie beim Zuckerguss. Gibt man noch 20-25 Gramm zerlassenes Kokosfett hinzu, dann erhält man einen glänzenden Guss.

# Schnee zum Überbacken

Schnee zum Überbacken,
4 Eiweiß 75 - 100 gr Zucker.
Mann schlägt den Zucker mit
dem Eiweiß bis er ganz steif ist,
tut die Masse, wenn der Kuchen
gar ist darauf und backt ihn im
Ofen schnell über.

## Zutaten:

| 2 | | Eiweiß |
| 75-100 | Gramm | Zucker |

## Zubereitung:

Man schlägt den Zucker mit dem Eiweiß, bis es ganz steif ist, tut die Masse, wenn der Kuchen gar ist darauf und backt ihn im Ofen hellgelb über.

# Nachwort zu „Omas Kochbuch"

Die Übersetzung der Rezepte aus der Zeit der Sütterlinschrift nach der Jahrhundertwende 1900 war sehr arbeitsintensiv, hat aber viel Freude bereitet. Es war mir sehr wichtig, die Rezepte für die Nachwelt zu erhalten.

Danke an Florian Schoppmeier, der mir bei der digitalen Aufbereitung sehr geholfen hat. Ohne ihn wäre die Entstehung dieses Buches nicht möglich gewesen.

Danke auch an meine Tochter und Omas Urenkelin, Sandra Latußeck, die mir durch ihren Verlag tredition GmbH die Möglichkeit gegeben hat, dieses Buch zu veröffentlichen.

Viel Freude beim Lesen und Ausprobieren.

*Annegret Latußeck geb. Puttfarken*
*(Enkelin von Frau Schwanck)*

September 2018